I0838776

DÉCIMAS

ESPINELAS

(PRIMERA REVISIÓN)

MIGUEL ÁNGEL SILVA

© Miguel Ángel Silva
Reservados todos los derechos
Primera Edición
Mayo 2022
Valencia – Venezuela.

SOBRE EL AUTOR

Miguel Ángel Silva, oriundo de la ciudad de Maracay, estado Aragua y residenciado en la ciudad de Valencia, estado Carabobo, Venezuela; es un poeta aficionado. Diríamos que su estilo es contemporáneo y no renacentista, porque utiliza mucho del lenguaje cotidiano en sus poemas. Su estilo es muy clásico, ya que tiene los principios de la teoría métrica, pero también llevan mucho corazón y sentimiento. En la actualidad (2021), lleva escritos siete poemarios. Es poseedor de una vasta experiencia escribiendo poemas en décimas, sonetos, octavillas, liras, zéjeles, haikus, etc. En este libro, él trata de hacernos llegar gran parte de sus conocimientos, experiencias y trucos aprendidos durante sus años como poeta. Aquí encontrarás una forma fácil y rápida para escribir tus poemas y poco a poco te irás sumergiendo en las técnicas de escritura y métrica que harán que seas un buen escritor, pero lo más importante para ser un buen poeta, es poner mucho sentimiento a tus escritos, deberás desnudar el corazón en tus letras.

Dedicado a:
Mi madre y mis hijos.

A todas aquellas personas que guardan dentro de
sí la inspiración de un sentimiento y desean plasmarlos
en letras que hagan eco en sus lectores.

Especialmente para ti.

Historia de la Décima espinela

En 1591, hace cuatro siglos, cuando se versificaba en quintillas y octavas reales y los trovadores tañían la guitarra, la vihuela de mano y la bandola para musicalizar sus coplas; un murciano llamado Vicente Espinel (1550-1624) le agregó la quinta cuerda a la guitarra, estableció la afinación definitiva de la bandola (instrumento que llegaría a América y que pervive en la bandola del llano venezolano, en el cuatro de Puerto Rico, en el tres cubano y en el requinto jarocho o guitarra de son de nuestra región) e inventó, en un arrebato de inspiración , la planta poética de la décima: joya de diez versos octosilábicos que desde entonces fue conocida como espinela. Y aunque su hallazgo no se conservó con fuerza en la península, la espinela se convirtió en un patrimonio de la América española. Así, siglos de poesía y tradición musical populares en el continente deben mucho a este andaluz universal. La décima arcaica era básicamente la unión de dos quintillas cuyos versos rimaban alternadamente (como en el Cancionero de López de Estúñiga o en las Coplas de Jorge Manrique) y lo que Espinel hizo fue que trastocar el orden de las rimas y conferirle una forma definitiva más variada **(abbaaccddc)** que se haría común en el Siglo de Oro y que permite grandes recursos expresivos. En su origen murciano (el **"!Ay le lo lá!"** que persiste en la décima puertorriqueña) la décima fue cantada, aun cuando muchas veces era simplemente declamada (como en las bombas de Tabasco y Yucatán o en las del Fandanguito jarocho). Los patrones arcaicos, de octavas reales o dos quintillas, tendieron a desaparecer (aun cuando todavía se usan, por ejemplo, en el son rioverdeño de la Sierra Gorda) y la espinela se convirtió en la forma predilecta de decimar, sobre todo glosando y desglosando los cuatro versos de una cuarteta en cuatro décimas explicativas del pie forzado; y esta fue la planta definitiva que sigue cultivándose.

Ya en pleno Siglo de Oro, cuando Lope de Vega, Calderón de la Barca y otros autores incorporaban el mundo indiano en sus entremeses y autos, cuando de España a las Indias se trasegaban coplas y sones y se amestizaban los cantares con el nuevo aporte de los indios y de los negros (en chaconas, zarabandas, maracumbés, negrillas, matachines y tocotines); la región sotaventina era ya un crisol de pobladores peninsulares, comunidades o repúblicas de indios nahuas y popolucas y mocambos de negros cimarrones, o de negros esclavos y libres, tres fuentes primarias de un nuevo mestizaje, conocido desde entonces con un nombre morisco: los jarochos, más específicamente mezcla de negro e india, que habían ya conformado una identidad regional. La décima se implantó en Barlovento y el Sotavento veracruzanos y produjo frutos con el inigualable gracejo y sabor regionales, al mismo tiempo que se popularizaba en toda la América española. En nuestra región fue desde el siglo XVII parte del ritual del fandango de tarima y común en varios "sones grandes" del repertorio del son jarocho. Décimas de amor, de crónica, a lo profano y a lo divino, décimas sabidas e improvisadas, circularon por todo el litoral; sueltas, enlazadas o glosadas y constituyeron los pilares de la versificación y las referencias simbólicas de un centenar de sones que conformaban lo fundamental del cancionero jarocho de los siglos XVII y XIX. Las influencias llegadas casi todas por el puerto de Veracruz configuraron un repertorio variadísimo: tonadillas escénicas, fragmentos de entremeses, jácaras, frases musicales cultas, rumbas y comparsas caribeñas, folías canarias y sobre todo un gran torrente de coplas y tonadas andaluzas desembocaron todas en sones de pareja y de montón, en aires evocadores y nostálgicos (peteneras, habaneras, lloroncitas, etc.) que se tradujeron a los sonidos y a las muchas de las afinaciones antiguas de la jarana, la guitarra de son y el arpa.

Dos influencias fueron definitivas en nuestro son: la que en el siglo XVIII nos llegara de Venezuela, cuando existía en el puerto de Veracruz la Feria del Cacao venezolano, el 70 por ciento del tráfico comercial se establecía con La Guaira y Maracaibo y en la Feria de Jalapa se comerciaban instrumentos y coplas del entonces llamado Cribe andaluz, también de Venezuela procede la décima cantada llamada "Galerón" y se acompaña del cuatro, guitarra, arpa, tambora y maracas. La otra presencia imborrable se produjo en el XIX y le dio nuevo aliento a la décima sotaventina: provino de Cuba, cuando las luchas libertarias de la isla arrojaron a cerca de tres mil cubanos (plantadores, ganaderos, tabacaleros, jornaleros y educadores) por todo el litoral del golfo. azúcar, tabaco, décima y danzón fueron el aporte isleño a la conformación final de nuestras querencias y evocaciones líricas y musicales. La décima de hoy, sones como El Zapateado y el Jarabe Loco, tiene desde entonces ese aire guajiro que nos hermana con la Perla del Caribe. Un tanto olvidada, la improvisación decimal ha languidecido por años. Un grupo de poetas regionales la ha vuelto a retomar con fuerza (Constantino Blanco -el Tío Costilla- QEPD, Mariano Martínez Franco, Ángel Rodríguez, Rodrigo Gutiérrez, Manuel Pitalúa y muchos otros) entre ellos se distingue don Guillermo Cházaro Lagos, por incorporar trozos de historia regional (como en sus inigualables décimas vaqueras) y finas semblanzas dedicadas a la mujer jarocha. La décima recitada en fandangos y jaleos caracteriza ya a este nuevo auge y otra vez, Tlacotalpan se erige como la capital cultural del Sotavento, la perla engarzada en el río que siempre fue. La décima se ha incorporado fácilmente al movimiento modernista y a pesar del auge del verso libre exento de rima y métrica, la décima es ampliamente utilizada para los diferentes géneros descritos por la poesía.

Sentir de un poeta

El amor es cual semilla
que siempre pare una rosa.
Es rima de verso y prosa
en letras de una cuartilla.
Es sol que de noche brilla
cual filosa bayoneta.
Es buscar siempre una meta
para narrar emociones,
pues de amores y traiciones
suele escribir un poeta.

Con pasión él se enamora
cada vez que un verso escribe.
Su pecho un dolor concibe
pues en cada letra llora,
y esa lágrima que aflora
que le arruga el corazón,
aunque cause desazón
y el alma le haga pedazos,
él recoge los retazos
y plasma su inspiración.

Pero a nadie ha de importar
eso que siente un poeta,
es alma de pluma inquieta
va escribiendo sin parar.
Y si tú puedes llorar
leyendo su inspiración,
pronto verás con razón
que, en su sublime condena,
va entretejida una pena,
¡hay lágrima y corazón!

Triste sueño

He de partir de tu lado
como la pena de un llanto,
como el olor del mastranto
que la brisa se ha llevado.
Mi dolor se ha conjugado
en tarde de aciagos vientos,
aflorando mis tormentos
como subienda en los ríos.
Dudando que fueran míos
tus fugaces sentimientos.

Entonces llegó la ausencia
asolando corazones,
desconociendo razones
con su mortal inclemencia.
Se ayudó con la impaciencia
que aquella tarde de estío,
en medio de un gran hastío
afloraba en tu desdén.
En un claro santiamén
se ha llevado lo que es mío.

Si algo debo agradecer
es por el tiempo vivido,
sin temor comprometido
en lo que habría de ser.
No ha debido suceder,
no era mi sueño esperado,
la confianza se ha fugado
con tu desdén por doquiera.
Otro amor allá me espera.
¡triste el sueño ha despertado!

El adiós llegó esa tarde

El adiós llegó esa tarde
tocando fuerte a la puerta,
pues una esperanza muerta
y un abur haciendo alarde
le pidieron que no aguarde,
que ya no hay tiempo ni espera,
que solo era una quimera
aquel idilio planteado.
Hacia otro lar he volado
antes de que el alma muera.

Y esa tarde cruel y vana,
-calurosas todas ellas-,
partí recogiendo huellas
tras una gran resolana.
Quien ha perdido no gana
y aquí se ha perdido todo,
la paciencia y hasta el modo
de ver lo que se ha vivido.
El idilio prometido
se ha dado un baño de lodo.

Al llano mis parabienes
y a su pueblo colorido.
El pecho me llevo herido
y un dolor entre mis sienes.
Del amor y sus vaivenes
la cura espero no tarde,
para que bien me resguarde
de quien poco me valora.
Por eso es que sin demora
¡el adiós llegó esa tarde!

Te quiero mía

¡Mujer! Regálame un beso
de tu boca nacarada,
eres musa idolatrada
y en amor me tienes preso.
Por eso, mujer, por eso
es que contigo no juego,
escucha mi claro ruego
no pretendas ignorarme.
Si a tus pies quieres llevarme,
a humillarme yo me niego.

Vivir una fantasía
no es lo que quiero contigo,
tú me quieres como amigo
yo te quiero solo mía.
Tu amor es cual lejanía
que me tiene hecho pedazos,
el corazón en retazos
y el alma sumida en pena.
Tú desdén es mi condena
y el verdugo son tus plazos.

Ya mi ruego es un clamor
y mi vida es un infierno,
no pienses que seré eterno
ni eterno será mi amor.
Hoy me muero de un dolor
que habré mañana olvidado.
pues tu orgullo me ha dejado
en este infierno sumido.
Prefiero morir de olvido
que ver mi amor humillado.

La hipocresía

Cuando menos se le espera
la señora hipocresía,
con artera alevosía
se aparece por doquiera.
Contumaz y traicionera,
sigilosa y descarada,
por demás premeditada
te va emboscando sin prisa.
Mientras te da una sonrisa
clava su vil puñalada.

De la amistad se aprovecha
usando confianza y fe.
sin tú saber cómo fue
entre dos abrió una brecha.
No selecciona una fecha
ni respeta el calendario,
la traición profesa a diario
usando miles de formas.
Rompiendo todas las normas
te hace vivir un calvario.

La hipocresía te apaña
si tienes bajos instintos
y en tu mente laberintos
llenos de traición y saña.
Cualquier relación empaña
fingiendo darte su ayuda,
en la inocencia se escuda
por tu confianza ganar.
No te dejes engañar
¡es hipócrita sin duda!

La envidia

Todo se tiñe de verde
cuando a tu puerta ella toca,
la gente se vuelve loca
que hasta los codos se muerde.
Que sepa yo y lo recuerde
no es a la razón aval,
su criterio es anormal
y a toda razón se impone.
Ella todo descompone
y es pecado capital.

Nunca debes codiciar
ni envidiar el bien ajeno,
pues si te gusta lo bueno
duro debes trabajar.
Mucho te debes cuidar
y aplicar sabiduría.
Ella trae compañía
poco menos que confiable,
una muy desagradable
bien llamada hipocresía.

Conquista tu propio mundo
nunca envidies el ajeno,
es como un fuerte veneno
que se arraiga muy profundo.
Es un fracaso rotundo
si pretendes ser igual.
Sufrir por lo material
empañará tu camino,
será tu mundo mezquino,
mediocre, ruin y banal.

Yo, pecador

He de amarte intensamente
cual pecador a una diosa.
Como el perfume a la rosa,
como el delirio al demente.
Sabiendo tu amor ausente
he de aceptar mi destino,
beber de amargo este vino
con pena, llanto y dolor.
Ensordecer de clamor
las huellas de este camino.

Que otro amor tocó tu puerta
me dices tranquilamente.
Con un dejo indiferente
la das por palabra cierta.
Que está la cama desierta,
que este amor ya no es lo mismo.
Que seguir es un cinismo,
que lo nuestro es un engaño.
Que seguir nos hace daño,
es caer en un abismo.

Declaro yo, pecador,
pongo al cielo por testigo:
-tu amor morirá conmigo-,
tal muerte será mejor.
¿Puede algún inquisidor
condenar a un condenado?
¿Puede un juez o magistrado
a una pena condenarme?
Si juraste siempre amarme,
¿¡De quién será este pecado!?

La mentira

Por tener su vida corta
muy difícil se sostiene,
quizás alguno se apene
pero usarla no le importa.
La justicia no soporta
su complejo de igualdad,
pues disfraza la verdad
cambiando fácil de traje.
Cual un mágico celaje
se torna en veracidad.

Casi siempre se acompaña
de la traición y la duda,
es un poco testaruda,
desdeñosa y mala maña.
Ella te invade con saña
y en manía se convierte.
Si te consigue con suerte
puede causarte un desquicio,
pues la mentira es un vicio
que puede causar la muerte.

Los que la llaman piadosa
siempre la usan sin pensar,
con ella suelen jugar
en su inocencia culposa.
Pero la cosa es curiosa:
-le siguen muchas detrás-
sola no la sostendrás
pues solitaria se cae.
Si la mentira te atrae
¡un mitómano serás!

La verdad

Es el mejor sustantivo
y en eso no me equivoco,
de certeza lleva poco
si el criterio es subjetivo.
Siempre un calificativo
le endilgan ante su ausencia.
Se riñe con la decencia
y puede ser un calvario,
pues si la niegas a diario
deja un peso en tu conciencia.

De boca en boca ella gira
trasmutando el contenido,
la verdad que se ha emitido
regresa en una mentira.
Si en la justicia se inspira
al infierno no la tires,
pues, aunque mucho delires
siempre te perseguirá.
La verdad dependerá
del cristal con que la mires.

Ella es víctima inocente
de muchas ideologías,
pues con verdades vacías
buscan conquistar tu mente.
Úsala siempre de frente
nunca te sientas pequeño,
aunque te parezca un sueño
y tu rol desequilibre,
ella siempre te hará libre,
¡la verdad no tiene dueño!

Perdónalo Señor

Perdónalo mi Señor,
aún no sabe lo que hace,
ni que en su pecho le nace
odio, maldad y rencor.
Al cielo va este clamor
por la paz en esta tierra,
por la madre que se aferra
a sus hijos y a su hogar.
Por los que deben llorar
sus muertos en una guerra.

Señor dale tu perdón
por su gran irreverencia,
por su falta de conciencia,
por su negro corazón.
Por esa oscura pasión
por tanta guerra fallida,
por su mandato suicida,
por asesino y traidor.
Perdónalo mi Señor,
por su desprecio a la vida.

Perdónale su avaricia
y su ambición de poder,
perdónalo por querer
satisfacer su codicia.
Perdónale su malicia
también su falta de honor.
Por causar tanto dolor
no lo quiero mencionar,
pues no lo sé perdonar
¡perdónalo tú, Señor!

Día de San Valentín

Hoy catorce de febrero
día de San Valentín,
les doy mi abrazo sin fin
apretado es como quiero.
Que sean lazos de acero
que nos unan de verdad,
pues amor y lealtad
es lo mejor en la vida.
La mía está bendecida
por contar con su amistad.

Ortografía en las redes

Con estos versos quisiera
llamar pronta su atención,
pues causa preocupación
los errores por doquiera.
Un poco me desespera
la falta de ortografía
porque veo cada día
como crecen mis temores
pues me caen los errores
como un balde de agua fría.

Aquel que quiera escribir
con un buen vocabulario,
que consulte un diccionario,
-de mucho le va a servir-.
No se debe permitir
errores con anarquía,
pues la red tiene una guía
que enseña gratuitamente.
O es que lo hacen adrezmente,
o padecen de apatía.

Yo quiero una fea (Sátira)

Entre el Amor y el Querer
hicimos un compromiso,
pedir al cielo permiso
para amar a una mujer.
Bellas las hay por doquier
variadas como las flores,
pero entre tantos colores
rubias, negras o blanquitas;
altas, bajas o gorditas,
se debaten mis amores.

Puede que usted no me crea
la belleza no me ofusca,
este negro solo busca
casarse con una fea.
Yo le ajilo a lo que sea
con anzuelo o con tarraya,
Me sueño bajo una saya
comiendo fruta madura,
y aunque poco tiempo dura
ajila más que una guaya.

Son tan bellas las mujeres
un regalo al corazón,
en la vida una razón
y en el pecho son quereres.
Si de mis versos difieres
es mejor que así lo veas,
y aunque poco me lo creas
son nuestro mejor destino.
Verás que en todo el camino
¡no existen mujeres feas!

Novio en alquiler (Sátira)

Yo me alquilo como novio
para su San Valentín,
para cualquier otro fin
me alquilo, también es obvio.
Puedo ser el marinovio
o esposo en aniversario.
Pero si por el contrario
su soltería es fortuita,
pida su prueba gratuita
y la ayudo en su calvario.

Limpio, lavo y plancho ropa
mientras voy brillando el piso,
preparo un sabroso guiso,
también cocino la sopa.
Soy muy bueno con la mopa
limpio casas con esmero,
sacudo todo el polvero
y le abrillanto el calzado.
Aunque me acueste cansado
la duermo con un bolero.

La atiendo como ninguno
le canto las mañanitas,
le amaso unas arepitas
y le llevo el desayuno.
Si tiene un niño, lo acuno,
para que salga de fiesta,
puede llegar descompuesta,
tarde o por la madrugada.
Si llega toda embriagada
una sopita le presta.

Es momento de que invierta
después no diga lo siento,
pues tiene su vencimiento
y es limitada la oferta.
Está la subasta abierta
consulte con su banquero,
oferte que yo la espero
antes que venza la fecha.
Si no queda satisfecha
¡le devuelvo su dinero!

Jilgueros

Cuando el amor está en celo
se acentúa su belleza,
muestra el ave su destreza
danzando en un alto vuelo.
De croma se pinta el cielo
anunciando mil amores.
Renace el campo de flores
con trinos que delirantes,
envuelven a los amantes
en un mundo de colores.

Conjugación

Amar en tiempo presente
-esa es la conjugación-
pero la cosa en cuestión,
es que está el amor ausente.
Como muerto sin doliente
nuestro amor nadie ha llorado,
porque tú lo has conjugado
negando el tiempo futuro.
No hay golpe que sea tan duro
que conjugar en pasado.

Amar en condicional
representa una esperanza,
en futuro es una alianza
si somos tal para cual.
Puede ser todo un aval
el verbo en tiempo perfecto,
en compuesto es un proyecto
y en pretérito es olvido.
Yo solamente te pido
amar en tiempo correcto.

Pero en tu conjugación
hay solo tiempo pasado,
con el presente olvidado
y el futuro en discusión.
Es tiempo de absolución
con el imperfecto ausente,
el subjuntivo en presente
plural primera persona,
pues el tiempo no perdona
¡y el corazón no te miente!

Flor de orgullo

Se desbocó el corazón
saltando casi del pecho,
brincó solo por el hecho
de no aguantar la emoción.
Le doy toda la razón
pues al pasar por mi lado,
también yo me he desbocado
por el momento glorioso.
Exaltado y tembloroso
¡sorpresa la que me has dado!

Pero me sigues matando
alargándome los plazos,
dándome solo retazos
y mi amor ilusionando.
Pero yo sigo esperando
mi querida prenda hermosa.
Fragante flor orgullosa
que me espinas tan profundo.
me matas cada segundo
¡hiriente espina de rosa!

Si quieres verme a tus pies
rogando amor, derrotado,
pienso te has equivocado
hermosa flor del ciprés.
Estoy de pie como ves
en esta infinita espera.
Y aunque tu boca no quiera
hermosa flor en capullo,
beberé todo tu orgullo
¡aunque al beberlo me muera!

Mi condena

Si en la indigencia me vieres
como un mendigo postrado,
es porque solo me has dado
las migajas que tú quieres.
Sabiendo que así me hieres
me niegas lo más querido:
Esa mirada que pido
para aliviar esta ausencia,
pero tú como indulgencia,
me has condenado al olvido.

Si tú quieres condenarme,
condéname a tu sonrisa,
que al tiempo quito la prisa
para en sus horas quedarme.
Y así poder extasiarme
con tus perlas nacaradas,
que a la par de tus miradas
serán mi gran aliciente.
Un alivio suficiente
a las almas condenadas.

Si tu condena es a muerte
que tus labios ya confesos,
me maten, bien muerto a besos
para que alivien mi suerte.
Y si la quieres más fuerte
sabiendo como te quiero,
mátame del desespero
aumentando mi dolor.
Condéname a darte amor
¡que yo contento me muero!

Mi estilo

Yo rimo en infinitivo
los verbos en mi versar,
a muchos no han de gustar
pero del verso no vivo.
Tengo en el alma un motivo
que me mantiene tranquilo,
por eso mi pluma enfilo
para escribir sentimientos.
Con metros, rimas y acentos
es el versar a mi estilo.

Gerundios les voy rimando
aunque no tenga razón,
pero transmito emoción,
con ellos sigo versando.
Y si usted sigue esperando
que los deje de escribir,
en la espera ha de morir
pues yo los sigo escribiendo.
Si el gerundio está muriendo
mi pluma los va a parir.

Sigan con su verso libre
que yo con mi mala rima,
no busco estar en la cima
pero hago que el verso vibre.
Tampoco tengo el calibre
de los pasados poetas,
ni quiero alcanzar las metas
de grandes y talentosos.
Serán mis días gloriosos
si leyendo me interpretas.

Si con mis versos ofendo
con este pido perdón,
pero en esta situación
el arte estoy defendiendo.
Cada cual siga escribiendo
que no se apague esa llama,
pues el arte lo reclama
para poder existir.
Nunca dejes de escribir
lo que tu pluma derrama.

La silla vacía

Esta noche no es tan buena
ni hay razón de celebrar,
pues dentro de cada hogar
se está viviendo una pena.
Por eso es que en cada cena
la ausencia cubre ese día,
y aunque todo es armonía
profundo el dolor se aferra.
En cada hogar de mi tierra
habrá una silla vacía.

Padre nuestro

Padre que estás en el cielo
y no miras hacia abajo,
están pasando trabajo
los niños de nuestro suelo.
Necesitan de un consuelo
pues a diario van muriendo.
La batalla están perdiendo
debido a tanta carencia,
solo un poco de indulgencia
es lo que estamos pidiendo.

Padre nuestro que no miras
lo que padece tu gente,
haces que la fe se ausente,
es lo que al pobre le inspiras.
Parece todo mentiras
lo que tu Vicario enseña,
pues con sus actos desdeña
lo que dice la escritura
y en su mundana locura
de todo el oro se adueña.

No sé si es tu voluntad
tanto vil padecimiento,
que entre fe y resentimiento
se debata la verdad.
Pero esta cruel realidad
se está perdiendo de vista,
deja que en versos insista
lo que tenemos que ver,
que el Vaticano, a saber,
lo gobierna un comunista.

Si sientes que aquí te ofendo
pido por tu comprensión,
no es cosa de religión
si no lo que estoy sintiendo.
Porque hasta el ciego está viendo
a un diablo con gorro y capa
pues de seguro es quien tapa
tiranos de mal vivir.
Si es que al infierno debo ir
¡que sus puertas me abra el papa!

Suspiritos

Suspira mi suspirito
ya quiere echarse a volar,
del pecho quiere escapar
aunque no se lo permito.
Pero un acaso fortuito
traiciona ya la cordura,
pues tu faz con su frescura
me regala una sonrisa
y entonces vuela de prisa
al ver tu clara hermosura.

Se ha escapado de mi pecho
un suspiro sigiloso
y un pensamiento en reposo
descansa sobre mi lecho.
Pero el amor al acecho
la razón ha puesto a un lado
y el corazón desbocado
se ha quedado en un latido,
pues voló hasta Tucupido
un suspiro enamorado.

Vuelos

Vuela, que el amor te espera
mariposa del olvido,
alza el vuelo prometido
que llegó la primavera.
Vuela linda mensajera,
llena el aire de colores,
viste el alba con tus flores,
alegra el campo al danzar.
Tu vuelo va a despertar
las esperanzas de amores.

Vuelan gotas de rocío,
vuelan pétalos de rosas.
Vuelan las hojas que airosas
se desprenden al vacío.
Vuelan las aguas del río
como espejo de un albor,
vuela el canto del amor,
trinos de hermoso paisaje.
Vuela un pincel cual celaje
sobre el lienzo del pintor.

Así vuela el sentimiento
extasiado en la natura,
es letargo que perdura
dormitando el pensamiento,
Vuela lejos un lamento
cual suspiro solitario,
y en su rol imaginario
furtivo sale del pecho.
Está el amor al acecho
ante idílico escenario.

Loca cuarentena

La bendita cuarentena
ya me está volviendo loco,
pues me enciendo como foco
aullando a la luna llena.
A mi suegra la veo buena
y el perro me está gustando,
por la casa ando buscando
a un pollo que he sazonado.
Al horno le he preguntado
y la culpa me está echando.

La nevera me está hablando
dice que está muy vacía,
que se acabó lo que había
y el hambre la está matando.
Mi mente está maquinando
se resiste a la locura,
anda pensando en la cura
contra ese virus corona,
y en su delirio pregona:
¡unciones de caca pura!

Callecita de mi pueblo

Callecita de mi infancia
testigo de mis razones,
guardián de mis ilusiones
jardín de dulce fragancia.
A pesar de la distancia
y del tiempo trascurrido,
callecita no te olvido
fuiste cuna de mis juegos.
Fuiste el altar de mis ruegos
de ti guardo lo vivido.

En mi triste cavilar,
pensamientos y añoranzas,
suspiran mis esperanzas
por ti, mi segundo hogar.
Yo no dejo de pensar
en el tiempo que ha pasado
y aunque sigas a mi lado
en el pecho hay un vacío,
por todo lo que era mío
y que el tiempo se ha llevado.

Callecita, callecita,
en mi vida dejas huella
y aunque el tiempo todo sella
la pena no se me quita.
Mi calle, ya estás viejita
y yo contigo envejezco.
A esta tierra pertenezco
y aquí me quiero quedar.
Aquí me deben sembrar
¡callecita en ti florezco!

Sueños y agonías

En mis sueños te apareces
para alegrar mi soñar,
solo en sueños te he de amar
y lo he de pagar con creces.
En las sombras desvaneces
como fugaz pasajera,
y apareces por doquiera
alargando este martirio.
Mi pensamiento es delirio,
soñarte es una quimera.

El sueño y mis pensamientos
se conjugan en la almohada,
y una cama desolada
se burla de mis lamentos.
Dormitan los sentimientos
en solitaria amargura,
y el tic tac en su locura
marca el tiempo que inclemente,
como una sombra silente
me hace perder la cordura.

Qué malo es soñar contigo
si al despertar ya no estás,
vienes, juegas y te vas
y soñar es un castigo.
La noche es mi fiel testigo
y el desvelo compañía.
pues en mi cama tan fría
las pasiones ya se han ido,
la soledad hace un nido
¡dormir es una agonía!

Momentos

Solo un momento es la vida
paréntesis en la nada,
una ilusión que prestada
nace por la muerte herida.
Una quimera teñida
de esperanzas y lamentos,
de variados sentimientos
con tristezas y alegrías.
Un cofre donde tendrías
atesorados momentos.

Esos momentos vividos
que anidan en nuestras mentes,
son como fierros candentes
que al recuerdo van fundidos.
Momentos por más queridos
que construyen un pasado,
momentos que han amargado
el andar de ese camino,
momentos en que el destino
alegrías nos ha dado.

La vida es solo un instante
y en un instante llegamos,
volando también nos vamos
dejando el puesto vacante.
Somos polvo, brizna errante,
alma, cuerpo y pensamiento.
Somos de Dios el portento
de una vida pasajera,
por eso en esta quimera
¡atesora tu momento!

Alejandrinos

En lo sublime de un verso
se tejen los sentimientos,
colocando los cimientos
para un arte tan diverso.
No existe en el universo
arte por demás divino,
por eso mi pluma inclino
ante febril fantasía,
escribiendo mi poesía
en un verso alejandrino.

Aquí no me falta tino,
tampoco me falta escuela,
si lo aclamo en espinela
en lugar de un verso fino.
Mi pluma no la confino
ni la condeno a lo escueto,
a su ritmo me someto
en metro, rima y cadencia.
Para conservar su esencia,
también escribo un soneto.

En redondilla o cuarteto,
pareados o serventesios,
no serán cual adefesios
si le rimas un terceto.
En mis letras te prometo
hilar con versos muy finos,
serán como al ave trinos
cantándole al sentimiento.
Quisiera en un mil por ciento
versar en alejandrinos.

Mi razón

Mi querida guariqueña
reina de todo el saber,
ayúdame a comprender
solo una cosa pequeña:
Dime tú como se enseña
a callar al corazón.
Si al cielo ruega el perdón
que no le regale olvido,
pero una cosa yo pido:
que me des tú la razón.

Razón que al amor solapa
ignorando la esperanza,
temor que en sutil alianza
del sentimiento se escapa.
Pero este amor ya me atrapa
como un regalo de Dios.
Volemos juntos en pos
de esta ilusión que me abraza.
Abra pues esa coraza
para encerrarnos los dos.

Guariqueñita el camino
de la vida finaliza,
y todo se sintetiza
al designio del destino.
Que con su magia y gran tino
nuestro rumbo ha de cruzar.
Para luego terminar
juntando nuestros dolores,
que tornarán en amores
al cobijo de un altar.

A Hortencia

Disculpe usted mi señora
que le escriba con franqueza,
pero es tanta su belleza
que el corazón me lo implora.
Su sonrisa me enamora
cual embrujo de afrodita.
Su boca a besarla invita
es mi ilusión más deseada,
tan solo con su mirada
mi corazón desgarita.

Hortencia flor del estero
linda mujer guariqueña,
este juglar solo sueña
besar los labios que quiero.
Mi botalón y tranquero
llanera de mis anhelos,
amarrarán veinte cielos
para ti mi muchachita.
Serás tú guariqueñita
la potra de mis desvelos.

Deja escapar tu dolor
libera ya tus cadenas,
deja salir esas penas
abre ese cofre de amor.
Atiende ya mi clamor,
que por demás es sincero.
Llanerita solo espero
liberar tus ataduras,
para crueles cerraduras
¡soy yo el mejor cerrajero!

Amor indiferente

Muchas veces me pregunto
si su amor es como el mío,
que siente calor y frío
y en el pecho está barrunto.
Pero dudar no es el punto,
el punto es si usted me quiere.
Porque siento que se muere
este amor en lejanía.
ya no la siento tan mía,
su indiferencia me hiere.

Su amor es flor en capullo
de ilusiones golondrinas,
es rosa con mil espinas
que se ostentan con orgullo.
Mi amor es como un arrullo
es un canto enamorado.
Es el verbo y predicado
de una oración sin consuelo,
es sublime como el vuelo
de un palomo enamorado.

Si usted no quiere este amor
es usted quien se lo pierde,
pero es bueno que recuerde
del primer beso el sabor.
Pues he sentido el temblor
cuando ciño su cintura,
ya no oculta su locura
al besar sus labios rojos,
y ese brillo que en sus ojos
enciende la noche oscura.

Ya no me mienta señora
ni disimule pasiones,
juntemos dos corazones
piel con piel, eso enamora.
Sé que usted también añora
de nuevo avivar la llama,
ya no siga con el drama
de un orgullo intermitente
Si el corazón no le miente
¡lo veremos en la cama!

¿Verso o prosa?

Un poema es un bastión
y escribirlo es un empeño,
puede el verso más pequeño
hincarte en el corazón.
Pero es una tentación
cuando la pluma va inquieta,
pues le imponen una meta
de mil versos derrochar.
Las letras se han de enredar,
cuando no es claro el poeta.

La lírica es un jardín
de mil flores perfumadas,
rojas, blancas, coloradas
de matices un festín.
La flor es al verso afín
por su gama de colores,
algunos pierden amores,
otros, provoca morir.
Hay plumas que al escribir
están plagadas de errores.

El metro al verso da vida
como da el agua a la rosa,
existe también la prosa
que no exige una medida.
Pero la norma debida
es la buena ortografía,
pues una pena sería
empañar el sentimiento.
La métrica de argumento
ningún poeta usaría.

Unas líneas con decencia
las artes harán lucir.
Si es verso, lo has de medir.
Si es prosa, ponle sapiencia.
Que no brille por su ausencia
el respeto a los lectores,
cuida bien de los errores
de tu pluma al escribir.
Que el lector llegue a sentir
al mejor de los autores.

La espinela

Diez versos debe llevar
una décima espinela,
su estructura con cautela
debes muy bien respetar.
Con rigor debes rimar
el primero, cuarto y quinto.
Para no ser variopinto
debes rimar dos con tres,
ocho sílabas ponés,
ninguno será distinto.

Cinco versos se han escrito
en mitad de una espinela,
ahora nuestro numen vuela
con un rimar exquisito.
Todo suena muy bonito
al rimar seis, siete y diez,
más fácil que el ajedrez
será rimar ocho y nueve.
Ahora la musa se mueve
con su grácil lucidez.

Están diez versos rimados
en la décima perfecta,
ritmo y cadencia proyecta
a lectores consumados.
Juglares y aficionados
hoy la escriben a granel.
Se lo debemos a él,
Gómez Martínez, Vicente,
trovador de clara mente
¡el gran Vicente Espinel!

¿Qué es un poeta?

Un poeta es un juglar,
repentista o trovador.
Con su verso es un creador
que todo puede rimar.
Es la pluma que al hablar
pinta mundos de utopía,
es del verbo la valía
y del arte la simiente.
Danzan claros en su mente
odas, versos y poesía.

Un poeta es un creador
con sublimes sentimientos,
él conjuga pensamientos
que van del odio al amor.
Puede escribir del dolor
de suspiros y emociones,
también sabe de ilusiones
y de esperanzas perdidas.
Sus versos curan heridas
desamores y traiciones.

Siempre una gota de llanto
va entretejida en sus versos,
aunque siendo muy diversos
él llora sin saber cuánto.
Es su rima como el canto
de un jilguero ilusionado,
y aunque no lo haya deseado
su tintero se entristece,
pues su pluma languidece
si no te has enamorado.

Dominó

Estando yo en una fiesta
jugando un buen dominó,
en la suerte me tocó
un chancho de poca testa.
Los dobles no los acuesta
siempre lo agarran cargado,
las fichas pone de lado
dizque así las ve mejor.
Jugar me causa un dolor
con semejante tarado.

Ante la risa burlona
de un sátiro contrincante,
el chancho sale pa'lante
con una apuesta buchona.
Pero el saber no perdona
y ante sapiencia mezquina,
la numeración se inclina
a favor del desafiado.
Mi compañero agachado
se ha matado la cochina.

Ya la cabeza me duele
de tanto estarme callado,
casi muero reventado
no hay jugada que consuele.
A este chancho cual pelele
torcerle el pescuezo quiero,
ya no vale ningún pero
pues queda una sola mano.
Se salva porque es mi hermano
¡nos ganaron cien a cero!

Musa herida

Me dirás soy petulante
que en las letras soy muy necio,
o que soy cual adefesio
de una mente delirante.
Tal vez suene altisonante
o quizás mucho te pida,
pero existe quien descuida
la métrica en su payar,
y escribe sin respetar
la décima y su medida.

Puede un verso ser muy bello
y escrito con sentimiento,
pero cual pavesa al viento
va perdiendo su destello.
Si escribes con tal empello
que a la musa es un calvario,
te saldrá un verso precario
indefinido en el arte.
Para que el verso no infarte
consulta tu diccionario.

Una buena ortografía
con sentimiento y con tino,
hará de tu hilar muy fino
una bella fantasía.
A la métrica y poesía
les doy grata bienvenida,
pero no le doy cabida
al que escribe sin empeño,
pues de su pluma hace un leño
¡dejando a la musa herida!

Ideologías

Esta vida me ha obligado
a ver todo diferente,
en un mundo que inconsciente
sordo pasa por mi lado.
Un mundo que se ha turbado
por nuevas ideologías,
que entre dejos y porfías
se escuda entre luchas vanas.
Actor de historias urbanas
que han perdido sus valías.

Entre morbo y decadencia
ha nacido un mundo insano,
pues al nuevo ser humano
le autorizan su tendencia.
El cielo tenga clemencia
y perdone tal desvío,
pues el mundo que fue mío
ahora el diablo se lo lleva.
Sin una voz que se atreva
a enderezar este lío.

Con nueva filosofía
se han alienado las mentes
y con sexos convergentes
cambian toda geometría.
Entre aborto y sodomía
la fe mandan a la porra,
pues la decencia se borra
entre tanta identidad.
Esta es la nueva igualdad
¡somos Sodoma y Gomorra!

Mi regreso
(Décimas en glosa)

"Porque te pienso y te pienso
vivo en un solo pensar
y por momentos presiento
que si voy a regresar"

El alma lleva un pesar
por un dolor infinito,
pues en mi suelo bendito
nunca dejo de pensar.
El llanto tengo que ahogar
en este vacío inmenso,
soy de nostalgias propenso
y añoro mi dulce hogar.
Mi pecho empieza a llorar
porque te pienso y te pienso.

Dirán que soy cual hidalgo,
un Quijote o Sancho Panza,
pero guardo la esperanza
pues en mi fe yo cabalgo.
Sin ella ni un peso valgo,
sé que todo ha de pasar.
Aunque me quieran tildar
de un iluso comediante.
en esta espera agobiante
vivo en un solo pensar.

Por momentos me dan ganas
de ser cual libertador,
pero miro con temor
en mi cabeza las canas.

Solo son historias vanas
e ilusiones en el viento,
pero mi triste lamento
y esta esperanza tan terca,
me dicen que estamos cerca
y por momentos presiento...

Que ya lo estamos logrando
no queda la menor duda,
pues una vida muy cruda
el pueblo está soportando.
Vamos a seguir luchando,
vamos juntos a rezar,
pues no me puedo callar
pidiéndole al Dios bendito
y gritando al infinito:
¡que si voy a regresar!

A Manzanero

Se nos fue la pluma de oro
escritor del corazón,
el que nos dio la razón
para amarnos con decoro.
El de la canción "Adoro"
y "Esta tarde vi llover",
el que pudo comprender
la razón de los amantes.
Con su pluma delirante
tal "Parece que fue ayer".

Prolijo con sus canciones
"Como yo te amé" cantaba,
y con su voz embrujaba
amantes y corazones.
Escritor de mil razones
con éxitos como "Mía",
"Somos novios", "Todavía"
y pare usted de contar.
Compositor y juglar
con pluma de gran maestría.

Muchas voces enriquecen
las letras de su legado,
y en un jardín encantado
como las rosas florecen.
Son arrullos que se mecen
en las notas de un te quiero,
las guardaré con esmero
pues yo "Contigo aprendí".
Sus canciones aplaudí
¡adiós al gran Manzanero!

El Quijote en décimas

De La Mancha es el lugar
cuyo nombre no recuerdo,
un hidalgo poco cuerdo
se dispone a batallar.
Su armadura ha de brillar
para enfrentar al profano.
Sale en busca de la mano
que, en su mente delirante,
le hará caballero andante
al gran Alonso Quijano.

El de la triste figura
es nombrado caballero,
montando un rocín ligero
comenzará su aventura.
Y un hidalgo sin cordura
sale cual gran campeador,
con su escudero mayor
que un jumento rucio monta.
Claras figuras de impronta
van defendiendo el honor.

La moza Aldonza Lorenzo,
de La Mancha Emperatriz,
título que por desliz
le otorgó desde un comienzo.
En su mente como un lienzo
la soñaba cual princesa,
y entre delirios confiesa
que debe obtener la gloria,
pues mantiene en su memoria
a su amor una promesa.

Un Quijote galopante
va sosteniendo una lanza,
le acompaña Sancho Panza
y una mente delirante.
En su corcel Rocinante
va de querella en querella,
y el honor de su doncella
defiende en combate airoso,
pues jura que del Toboso
Dulcinea es la más bella.

Sumido en un aspaviento
libra su prima batalla,
con gran valor se avasalla
contra molinos de viento.
El enemigo es tan cruento
que de un zarpazo va al suelo,
pues un gigante en su vuelo
con el aspa le ha vencido.
Yace en el campo tendido
perdiendo su primer duelo.

La injusticia le disgusta
y enfrenta muchos rivales,
pero en sus fuegos mentales
va perdiendo cada justa.
En una maniobra injusta
viendo que en todo fracasa,
como su suerte es escasa
el gran Manco de Le Panto,
con una pluma de encanto
le hará volver a su casa.

Escrito está su destino
ya Cervantes lo ha plasmado,
pues un caballero armado
le ha cruzado en su camino.
Como un enviado divino
que a la luna pertenece,
el bachiller aparece
ganando en combate recio.
Volver a casa es el precio
y El Quijote le obedece.

En su triste realidad
al Quijote ha sepultado,
y en un lecho ya postrado
reconoce su verdad.
Su frágil humanidad
se perdió en un sueño vano,
al padre le da su mano
absuelto de penitencia.
Libre de toda demencia
¡ha muerto Alonso Quijano!

¡Una finura de gallo!

Un amigo compró un gallo
que fue campeón de una cuerda,
todo el mundo lo recuerda
pues no tenía ni un fallo.
El cuento aquí les detallo
de un gallero que sabía,
el arte de coger cría
y lo compró en la subasta.
Como el gallo era de casta
gastó lo que no tenía.

A la finca le invertía
endeudando más dinero,
dispuso un buen gallinero
y pollas con garantía.
Al gallito encerró un día
con las mejores gallinas,
todas de raza y muy finas
educadas con derroche,
y el gallo pasó la noche
charlando con sus vecinas.

El peleador se paseaba
contoneando su plumero,
y otro gallo sabanero
rapidito lo montaba.
El gallito no paraba
y ya estaba todo chueco,
al tiempo se puso clueco
y terminó cacareando.
Si lo vieran caminado,
era un gallo muy toñeco.

Se llevó el gallero un día
una triste decepción,
pues el gallito en cuestión
a empollar se disponía.
En rabia el gallero ardía
y le ha torcido hasta el pico,
y en un sancocho bien rico
al peleador se ha comido.
Perdió el dinero invertido
¡le salió el gallo marico!

Par de joyas

Una elección transparente
tramó el gran usurpador,
cual un mago en su esplendor
de un sombrero sacó gente.
Con cuatro dedos de frente
su trampa el pueblo no apoya,
bien clara está la tramoya
con la calle tan vacía,
pues más gente le cabía
a un tal caballo de troya.

Ahora sale el interino
a querer hacer lo mismo,
solapando en eufemismo
su torpe falta de tino.
En julio el pueblo convino
y les dio un claro mandato,
pero es que ellos hace rato
del pueblo se han olvidado.
Puro cuento disfrazado
¡esto es el mismo retrato!

Ellos siguen en la fiesta
agarrados de las manos,
relegando a sus hermanos
a esta espera tan funesta.
O no les pare la testa
o es que están en el convive,
mientras el hambre revive
y la inflación hace mella.
La salud también se estrella
¿Cómo el pobre sobrevive?

Tía

Como un retoño lo mima
y lo muestra con orgullo,
sublime y tierno capullo
que apretadito se arrima.
Amapuches no escatima
pues ella también ansía,
que natura en un buen día
le otorgue su bendición.
Esperando esa ocasión
se conforma con ser tía.

Una tía es un diamante
con un brillo sin igual,
es una joya especial,
no tiene quien la suplante.
Con su cariño abundante
es un cántaro de miel,
vierte amores a granel
consintiendo a sus sobrinos,
y en sus primeros pininos
es el apoyo más fiel.

Del cielo es la bendición
regando amor por doquiera,
siempre dispuesta niñera
de la familia un bastión.
Será esa tía en cuestión
una luz en su camino,
clara guía en su destino
pues en amor es sincera.
Para no alargar su espera
la vida le da un sobrino.

Reina aborigen

La noche envidia tu pelo
y la luna tu hermosura.
Reina madre eres natura
expresión de un rico suelo.
Eres aire, luna y cielo,
la luz que todo lo baña.
Eres verdor de montaña,
lluvia de un bosque frondoso.
Guerrera en franco reposo,
dulce sabor de la caña.

Eres el principio y fin,
flor que perfuma la sierra.
Eres tú, la madre tierra,
rosa de un bello jardín.
Eres nota de un clarín
al despertar la mañana.
Eres tú la soberana,
reina de todo tronío.
Diosa de un pueblo bravío,
bella flor cordillerana.

En tu sangre raza llevas
del noble pueblo aborigen
y en las leyes que lo rigen
como una reina te elevas.
Tu fe pronto la renuevas
con fuerza que nada iguala,
y una estrella te señala
como guía de un camino.
Eres el bello destino
que natura hos regala.

El acento

Un acento es el bastión
para dar ritmo al lenguaje,
pues hace que todo encaje
en bella pronunciación.
Sin duda ni discusión
él las sílabas entona,
el lenguaje acondiciona
haciendo mil maravillas.
Con unas reglas sencillas
el entendimiento abona.

Puede ser una grafía
coronando una vocal,
o en su tono natural
se esconde cual un espía.
Si al escribir todavía
necesitas de su ayuda,
deja que el acento acuda
como un héroe de novela.
Súper diacrítico vuela
para despejar la duda.

Sus reglas debes tener
en la escritura presente,
pues un escrito inconsciente
riega sombras al saber.
Si no puedes comprender
lo sencillo de su norma,
te ruego busques la forma
de conseguir una guía,
pues continuar la porfía
el castellano deforma.

¡Sonríe!

Sonreír es amistad,
es estrechar una mano,
la sonrisa no es en vano
si sonríes de verdad.
Es vivir la realidad,
es despertar a la vida.
La sonrisa no es prohibida
es un reflejo inconsciente,
ella libera tu mente
no la dejes escondida.

Es la llave poderosa
para abrir todas las puertas,
en situaciones inciertas
la sonrisa es milagrosa.
Sonreírle a cualquier cosa
hará tu rostro brillar,
no pares nunca de dar
lo mejor de tus sentidos.
Acompasa tus latidos,
sonríe pues sin parar.

No existe un medicamento
mejor que una gran sonrisa,
pues ella cura de prisa
como el mejor tratamiento.
Te sana ciento por ciento
en tu diario padecer,
si el alma llega a doler
pues la vida no se para,
esconde esa mala cara
¡sonríe hasta no poder!

A Quino

(Joaquín Salvador Lavado Tejón)
Él la sacó del tintero
y en el tiempo se ha quedado,
como autor nos ha legado
su trabajo con esmero.
Agudo como certero
para narrar situaciones,
pluma libre de ambiciones
entregando su talento.
Su arte voló como el viento
atrapando corazones.

Un ciudadano del mundo
de una historia consabida,
pues su niña consentida
ha calado muy profundo.
Es un éxito rotundo
Mafalda y sus historietas,
pues la sopa y sus rabietas
marcaron nuestra memoria.
Quino pasaba a la historia
al escribir sus viñetas.

Mafalda con su verdad
y el Guille con Manolito,
Susanita y Miguelito
Felipe con Libertad.
Saben la cruel realidad
que se acabó ya el camino,
llegó su padre al destino
ya su pluma es inmortal.
Son un legado especial
¡hasta siempre amigo Quino!

Trovador

Un iluso trovador
canta al pie de una ventana,
y la luna cual sultana
lo baña con su fulgor.
Testigo de su clamor
la noche oculta su llanto,
un dolor lleva en su canto
que en la brisa se remonta,
llevando notas de impronta
música, dolor y llanto.

Y una virgen sin altar
alma presa de un convento,
acompasa su lamento
con aquel triste cantar.
Saca su llanto a volar
liberando su dolor,
vuela con fe y con fervor
cabalgando con la brisa,
llora sin pausa y sin prisa
las penas de un desamor.

Las luces de un nuevo albor
se entrelazan en su canto,
mezclando gotas de llanto
con sus notas de dolor.
Al viento cantan su amor
el plebeyo y la princesa,
pues con poder la nobleza
sus vidas han separado.
Con su canto enamorado
muere el juglar de tristeza.

Tus ojos

Son dos luceros tus ojos
los que iluminan mi vida.
Eres tú la más querida,
son tus besos mis antojos.
Muchacha de labios rojos
perla sutil nacarada,
eres tú mi bien amada
quien me está robando el sueño,
pues quisiera ser el dueño
de esa luz en tu mirada.

Tus ojos son el motivo
de mi pena y mi martirio,
pues amarte es mi delirio
y sin tus ojos no vivo.
De tu hechizo estoy cautivo
cual un canto de sirena,
pues tu mirada serena
es el refugio de mi alma,
es la razón de mi calma,
es la cura de esta pena.

Regálame una mirada
di en tus ojos que me quieres,
que por mi amor ya te mueres
mi bella Perla soñada.
Dame tu boca embrujada
muchacha de labios rojos,
ven y calma mis antojos
que por ti me estoy muriendo,
si tú ya me estás queriendo
¡dame un guiño de tus ojos!

Glosa del amigo ausente

(A mis amigos que se han ido)

Luces que me han alumbrado
el camino en esta vida,
por las que se han apagado
abierta llevo una herida.

Los amigos bondadosos
son cual ángeles de luz,
son el alivio a esa cruz
en los caminos sinuosos.
Son seres que por grandiosos
llevan la luz a su lado,
de la vida un gran dechado
para mí siempre serán.
Un día se apagarán
luces que me han alumbrado

Cruel el destino en su suerte
con sus verdugos arteros,
apagando van luceros
cual emisarios de muerte.
En sombras su luz convierte
pena más que inmerecida,
y en extraña paz dormida
recuerdos han de surgir,
como un aliento a seguir
el camino en esta vida.

Se han apagado reciente
las luces de una amistad,
pues una cruel realidad
está matando a mi gente.

Una pandemia inclemente
los amigos se ha llevado,
y un destino inesperado
dejó mis luces en duelo.
Hoy lloro mi desconsuelo
por las que se han apagado.

A Dios por ellos rogamos
perpetua luz infinita,
y una indulgencia bendita
de amor y fe les deseamos.
Aunque impávidos quedamos
ausentes en despedida,
pensando que de esta vida
nos separa el mismo trecho,
en lo profundo del pecho
abierta llevo una herida.

Viejos tiempos

Eran tiempos de locuras
y el hablar era eufemismo,
sufríamos de lo mismo
un mal sin penas ni curas.
No existían ataduras
era el boom del ta' barato,
no gastar era insensato
y en la fiebre mayamera,
no faltaba quien se fuera
en medio de un arrebato.

Playas, fiestas, discotecas
todos bailábamos disco,
te quedabas casi bizco
con tantas bellas muñecas.
Desfilaban como suecas
a la moda y bien vestidas,
tragos y buenas comidas
se apuraban por servir,
común era el buen vivir
con las familias unidas.

La parrilla no faltaba
un pretexto siempre había,
cada quien algo ponía
y así la fiesta empezaba.
El gasto no te importaba
no afectaba tu bolsillo,
pues solo con el sencillo
estaba ya listo el bonche.
Whisky, cerveza y ron ponche
calzaban como un anillo.

Al llegar a la quincena
feliz cobrando salías,
pagabas lo que debías
hasta invitabas la cena.
Con la cartera bien llena
disfrutabas del mercado,
y un carrito bien cargado
con uno de cien pagabas.
Pero no te imaginabas
vendría un golpe de Estado.

Ricos fuimos sin saberlo
recogiendo huevos de oro,
y matamos sin decoro
la gallina sin quererlo.
Nadie pudo comprenderlo
nadie este mal advertía,
y despertamos un día
en un abismo profundo.
Un socialismo iracundo
sembraba su ideología.

Cuánto diera por vivir
esos tiempos del ayer,
y así pronto poder ver
a los ausentes venir.
Mi llanto no sé fingir
mis lágrimas lo dirán,
hasta el cielo llegarán
que todos sepan que lloro,
pues esos tiempos que añoro
sé que nunca volverán.

A mi hermano Josué

Tristes suenan las trompetas
en la inmensidad del cielo,
tristes anuncian tu vuelo
sin ver cumplidas las metas.
Bemol de notas inquietas
lloran arpegio en su canto,
y el bronce no sabe cuánto
de su brillo se ha perdido,
pues su clave se ha escondido
en lo amargo de su llanto.

Una oración está escrita
colofón de un pentagrama,
pues el llanto se derrama
en una nota infinita.
La octava su dolor grita
con su nota más aguda,
y al Señor pide su ayuda
para alcanzar lo más alto,
pues ella quiere de un salto
llegar al cielo sin duda.

Hace veinte años te fuiste
veinte van de tu partida,
abierta sigue la herida
veinte que me siento triste.
Como un guerrero lo hiciste
gallardo ante la derrota,
y en alas de una gaviota
las alturas remontaste,
al infinito volaste
tocando tu mejor nota.

Maternidad

Unas quieren y no pueden
otras pueden y se niegan,
hay quienes rezan y ruegan
para lograr lo que quieren.
Otras la ciencia prefieren
al verlo como un problema,
y confrontan el dilema
de apagar la luz bendita.
Su condena es infinita
al violar la ley suprema.

Del cielo fuiste escogida
con especial privilegio,
como magia y sortilegio
de ti brotará una vida.
Eres musa bendecida
en un mundo tan mezquino,
pues natura con su tino
te ha confiado su semilla.
Serás la estrella que brilla
por un mandato divino.

Estás en la dulce espera
porque el cielo lo ha querido,
tu cuerpo lo ha bendecido
ya no será una quimera.
Parirás por vez primera
y enfrentarás tu verdad,
sentirás la realidad
que está creciendo contigo.
Tu vientre será su abrigo
¡esa es la maternidad!

A Raulito

Vuela alegre la cigüeña
con un tesoro preciado,
un ángel le han encargado
lo está esperando su dueña.
Como toda madre sueña
ella quiere su angelito,
será un regalo bendito
una dádiva del cielo.
La cigüeña cesa el vuelo
y ha entregado a Raulito.

Se encendieron los faroles
y se apagaron las sombras,
se tendieron las alfombras
y se opacaron mil soles.
Se alistaron los peroles
pues la fiesta se ha prendido,
las luces se han encendido
y se ha adornado el pesebre.
Que todo el mundo celebre
pues el niño ya ha nacido.

Made se llena de orgullo
al darle la bienvenida,
pues será todo en su vida
será su guía y su orgullo.
Como lirio en su capullo
cuidará de su bebito,
pues es un ángel bendito
que el cielo nos ha prestado.
Será un tesoro preciado
¡Qué lindo está el angelito!

Tu ortografía

Si en estas redes sociales
te gustan los comentarios,
existen mil diccionarios
para corregir tus males.
Con tus errores fatales
y tu escribir sin cautela,
representas la secuela
de un perfecto socialismo.
O tu mente es un abismo
o es que no fuiste a la escuela.

Tus comentarios emanas
con errores como arroz,
tu escribir es tan atroz
que debes hacer mil planas.
Pues tú le quitas las ganas
a cualquier lector decente,
pregonando que tu mente
de neuronas está escasa.
A tu escritura tan lasa
un diccionario es urgente.

La fábula de un suspiro

Un suspiro se ha escapado
en busca de la esperanza,
se fugó pues la añoranza
la puerta abierta ha dejado.
A otros lares ha volado
en alas de una ilusión,
pues le ha dicho el corazón
que vacío se encontraba,
que, si el pecho suspiraba,
cumpliera con su misión.

Y el suspiro en un desvelo
se escapó en un sentimiento,
y en un solo pensamiento
emprendió raudo su vuelo.
Sigiloso el desconsuelo
le fue siguiendo los pasos,
pues conoce los fracasos
cuando un suspiro se muere.
Si el desconsuelo lo hiere
son los éxitos escasos.

Un desconsuelo aguerrido
la causó un daño flagrante,
dejando al suspiro errante
pues la ilusión se ha perdido.
En su fe muy mal herido
de soledad se ha cubierto,
andando en camino incierto
la esperanza no ha encontrado.
El desconsuelo ha ganado
pues el suspiro se ha muerto.

El corazón solitario
pide al pecho más suspiros,
que acelere sus respiros
porque amar es necesario.
Pero el pecho en su calvario
le respondió con recelo:
debes dejar el desvelo
la tristeza y soledad.
Un suspiro de verdad
no quiere ver desconsuelo.

Guariqueña

Linda mujer guariqueña
manantial de mis antojos,
muchacha de lindos ojos
del llano eres tú la dueña.
Eres lo que un hombre sueña
para adornar su jardín,
eres hortensia y jazmín,
eres perfume de flor.
Eres pozo de candor
desde el principio hasta el fin.

Guariqueñita yo espero
que me concedas tu mano,
por arras te pongo el llano,
el morichal y el estero.
La miel de tus labios quiero
para que endulces mi vida,
ven a sanar esta herida
ya no alargues más la espera.
No dejes que este amor muera
pues serás mi consentida.

Al Guárico va mi verso
y a sus mujeres tan bellas,
pues son como las estrellas
de todo el gran universo.
Con un paisaje diverso
paraíso del llanero,
rancho, caballo y tranquero,
garza, laguna y mastranto.
Por eso digo en mi canto
¡guariqueñita te quiero!

Pandemia

Una pandemia ha llegado
para la vida cambiarnos,
se instaló para enseñarnos
que a la tierra hemos fallado.
La natura ha reclamado
tanto daño que hemos hecho
y ejerciendo su derecho
un mensaje nos ha enviado.
Un silente coronado
con la muerte como acecho.

Nos ataca con sigilo
y en proceso virulento,
nos roba el vital aliento
con su peculiar estilo.
La humanidad pone en vilo
pues la ciencia no ha acertado,
con el elixir deseado
contra ese mortal flagelo.
Oremos juntos al cielo
pues la vida ha secuestrado.

De nada vale el dinero
ni la posición social,
el virus va por igual
para el patrón o el obrero.
Y en su contagio certero
toda poción es fallida,
la batalla está perdida
y a todos llegará igual.
Puedes tener mucho real
pero no compras la vida.

El virus nos ha enseñado
a tratarnos como hermanos,
también a ser más humanos
quizás algo hemos ganado.
Pues la pandemia ha logrado
en cuarentena obligada,
pensar no valemos nada
que el humano es un oprobio.
Que somos cual un microbio
para esta tierra sagrada.

Las nueve musas

Nueve musas en el arte
de las letras te acompañan,
con su inspiración te bañan
para que seas un baluarte.
Ellas quieren enseñarte
a describir emociones,
en tragedias y canciones
te darán su inspiración,
y pondrás el corazón
al escribir de pasiones.

Calíope en su experiencia
disipará cualquier bruma,
dará valor a tu pluma
y a tu inspiración sapiencia.

Urania será la esencia
para los astros furtivos,
si tus versos son esquivos
y están las letras confusas,
deja que lleguen las musas
y te darán sus motivos.

Talía, mejor actriz
musa de toda comedia,
Melpómene es la tragedia
y al arte da su matiz.
Erato es la emperatriz
de los versos y las rimas,
si a la música te animas
con Euterpe escribirás,
y una historia contarás
si a Clío no desanimas.

Polimnia te inspirará
el mejor de los discursos,
Terpsícore en sus recursos
sus danzas te enseñará.
La pasión renacerá
con tus letras cual profusas,
que no aceptarán excusas
para el arte de escribir,
pues ya podrás conseguir
la inspiración de las musas.

El verso medido

Un verso triste lloraba
con un dejo su amargura,
pues lo atacó una cesura
y en dos su voz cercenaba.
En hemistiquios dejaba
dividido el sentimiento,
y el verso ya sin aliento
se entregaba a su destino,
colocando con gran tino
en la tónica el acento.

La tragedia lo acechaba
pues la cruel silabación,
le llegó hasta el corazón
y su núcleo destrozaba.
La métrica lo esperaba
pues lo clasificaría,
y en su esencia lo pondría
en mayor o menor arte.
Como coda a su baluarte
la sinalefa vendría.

La métrica en su proceso
dejó un verso reluciente,
y aunque parezca inclemente
de inspiración salió ileso.
Ahora tiene libre acceso
a cualquier rima asonante,
también en la consonante
rimará con su hermosura,
pues del verso su finura
la métrica es la causante.

Un nuevo verso ha nacido
envuelto en ritmo y cadencia,
pero se anda con prudencia
pues es un verso medido.
Varias odas lo han pedido
pero el verso se negaba,
la cuarteta le imploraba
también la prosa de turno,
y aunque lo pidió un nocturno
a estas décimas llegaba.

Tu cumpleaños (A mi hija Michelle)

He de amarte con el alma
con la vida y corazón,
eres tú mi gran razón
para vivir esta vida.
Eres tú mi consentida,
eres mi mejor anhelo.
Eres tú suspiro al vuelo
que se escapa de mi pecho.
Eres insomnio en mi lecho,
eres un ángel del cielo.

De abril un día primero
siete en punto en la mañana,
una bella valenciana
vino a adornar mi joyero.
De alegría casi muero
pues un ángel me fue enviado,
de amor inmenso dechado
que trajo dicha infinita.
Una bella muchachita
que Michelle hemos nombrado.

El destino nos separa
pues tu amor se fue a otros lares,
la vida en sus avatares
este dolor me depara.
Y aunque nadie lo deseara
en la distancia infinita,
tu amor nadie me lo quita
aunque pasen muchos años.
Te cantaré el cumpleaños
a ti linda muchachita

Cuarentena

Ya me puse en cuarentena
pues el virus no perdona,
como no tengo corona
me tiene pasando pena.
Como loco en luna llena
estoy mirando hacia el techo,
y me doy golpes de pecho
con esta cuaima encerrado.
Qué cosas he imaginado
¡un asesino al acecho!

El virus será un castigo
o invento de una mujer,
pues mis novias por doquier
ya no contarán conmigo.
Del amor ya soy mendigo
y estoy con la soga al cuello,
pues como cruel descabello
con mi novia estoy soñando.
Sueño que estoy galopando
y me conformo con ello.

No aguanto más este encierro
pues mi mente la ve negra,
estoy queriendo a mi suegra
y me enamoro del perro.
De la cordura me aferro
pues la pierdo poco a poco,
ya me estoy volviendo loco
pues mi mujer pide amor,
yo finjo cualquier dolor
y a esa cuaima ni la toco.

Culpa no es de los cristianos
que otro coma porquerías,
o beba de cañerías
compitiendo cual marranos.
No parecen ser humanos
comen perros y felinos,
y en el menú son tan finos
que no faltan los reptiles.
Vampiros comen por miles
¡Que se mueran esos chinos!

La cuenta de tus besos

(Décimas a Dora)

Ponga atención señorita
debo aclarar esta cuenta,
pues su deuda se acrecienta
con seis que me debe ahorita.
Espero esté bien clarita
y no piense son excesos,
solo cuido mis ingresos
y cobrarle ahora me toca.
Pues quiero probar su boca
y así colmarla de besos.

De viejos me debe nueve
y esa cuenta ya está en mora.
Sepa usted bella señora
que así mandinga me lleve,

no importa si escampa o llueve
pero usted debe pagar.
La cuenta debe saldar
con los besos de su boca,
si la pasión es muy poca
se los pienso regresar.

No se cuente por exenta
ni se escude en un decreto,
pues besarla le prometo
sin reparar en la cuenta.
Su saldo ya se revienta
de tantos besos que debe,
para ser un poco breve
con los de hoy se suman ocho.
Para evitarle un trasnocho
se los dejo en diecinueve.

Pero no mienta señora
sé que mis besos ansía,
pero teme ser tan mía
que su cuenta deja en mora.
Sé que usted de amor implora
y su boca un beso clama,
pero le teme a la llama
pues si los paga toditos,
terminaremos juntitos
¡arrullados en mi cama!

Una lágrima

Cristalina y sin color
se desliza en tu mejilla,
como una gota sencilla
de la mar tiene el sabor.
Se escapa de tu interior
desnudando el sentimiento,
pues refleja ese momento
que te ha robado la calma,
aliciente para el alma
puede ser risa o lamento.

Portadora de un dolor
o quizás de una alegría,
se presenta en un mal día
cambiándole su color.
También se asoma al amor
para curar una herida,
y en una ilusión perdida
ella siempre está presente.
No la ocultes a la gente
ella es parte de tu vida.

Una lágrima será
la expresión de tu sentir,
aunque no la veas venir
a tu lado ella estará.
Sin llamarla brotará
como un elixir sagrado,
aunque no lo hayas deseado
será de tu alma sosiego
ella apagará tu fuego.
¡Llora si aún no has llorado!

Mi aflicción (A mi hija Adriana)

Mirada color de miel
la inocencia está en tus ojos,
sonrisa en tus labios rojos
perfume a rosa en tu piel.
Pero esta distancia cruel
de ti me va separando,
de tu amor me va alejando
pues solo en fotos te miro,
y se me escapa un suspiro
a tierra extraña volando.

Eres mi niña adorada
y al tiempo voy suplicando,
que no te siga alejando
pues mi vida ya no es nada.
Eres tú mi bien amada
siempre de sonrisas llena,
pero sigue mi alma en pena
y este corazón herido.
No aguanta el cuerpo afligido
lo amargo de esta condena.

Vuelve paloma a tu nido
descansa ya de tu vuelo,
ven y dame ese consuelo
pues la tristeza me ha herido.
Al cielo solo le pido
dé fuerza a mi corazón,
me devuelva la razón
para seguir esperando,
pues va mi vida acabando
esta mortal aflicción.

A Milena

Mirada color de miel
el amor está en tus ojos,
sonrisa de labios rojos
perfume a rosa en tu piel.
Pero esta distancia cruel
de ti me va separando,
de amor por ti voy penando
ya no controlo el respiro.
Mientras tus fotos admiro
por ti muero suspirando.

Eres musa idolatrada
y tu amor voy suplicando,
mientras más estoy yo amando
de tu amor no tengo nada.
Por mi serás bien amada
siempre de caricias llena,
no dejes esta alma en pena
que de amor a ti se aferra.
Por ti espero en esta tierra
¡mi bella niña Milena!

¡Enamórate!

Qué bello es enamorarse
de un amor correspondido.
Qué bello es ser comprendido
y sin medida entregarse.
Qué rico es poder besarse
eternizando el momento,
y quedarse sin aliento
sintiendo las mariposas.
Qué bellas todas las cosas
cuando es amor lo que siento.

Un vaivén que baja y sube
en un glorioso portento,
te hace volar con el viento
y flotar en una nube.
Deja que el amor se incube
cual sentimiento fecundo,
que anide en lo más profundo
en el alma y corazón,
pues existe una razón:
con el amor gira el mundo.

Si ya te has enamorado
y en tu vida fue un fracaso,
cerrarse no tiene caso
cualquiera se ha equivocado.
Si es que en amor has fallado
no te escudes en su herida,
no busques otra salida
e inténtalo nuevamente.
Al amor abre tu mente
¡déjalo entrar en tu vida!

A Dolores (Lolita)

Dolores del alma mía
ven y calma mis antojos,
pues quiero tus labios rojos
ven y dame esa alegría.
Ven y calma la agonía
que tu ausencia me ha dejado,
pues este amor se ha quedado
suspendido en una espera.
No dejes que yo me muera
en amor abandonado.

Lolita de mis amores
no te vayas tan de prisa,
regálame una sonrisa
pinta mi gris de colores.
Ven y calma mis temores
ya no alargues esos plazos,
ven refúgiate en mis brazos
termina con esta espera.
No dejes que tu amor muera
enredado en otros lazos.

Dolores, Lola, Lolita
escucha bien mi lamento,
pues te digo lo que siento
por ti bella españolita.
Mi pecho por tu amor grita
atiende por fin mi ruego,
mi amor por ti no es un juego
el tiempo es ya para amarnos.
Si este amor ha de quemarnos
¡que nos consuma en su fuego!

Pasión prohibida

Tu boca me pide un beso
y yo no me atrevo a darlo,
pues ese beso al probarlo
mi amor puede dejar preso.
Por eso mujer, por eso,
es que a lo lejos te miro
y se me atora un suspiro
entre la espalda y el pecho,
pues tu amor ya lo sospecho
ha de quitarme el respiro.

Y tu mirada no miente
se me introduce hasta el alma,
robándome así la calma
y un pensamiento decente.
La razón se encuentra ausente
cuando pasas por mi lado,
de tu amor estoy prendado
sin importar seas ajena.
Si desearte es mi condena
acepto pena y pecado,

Y tus pechos cual puñales
se han enterrado en mis ojos
pues junto a tus labios rojos
son la causa de mis males.
Cuerpo de curvas mortales
loca pasión desmedida,
amor en ruta suicida
tentación que es un pecado.
Si he de morir condenado:
¡por ti me juego la vida!

Texas Hold'em

A esta mesa se han sentado
muchos buenos jugadores,
unos salen perdedores
otros fortuna han ganado.
Muchas fichas ha lanzado
quien se cree enciclopedia,
pero también su tragedia
en el river le han volteado.
Luego te dejan mareado
con el cuento y la comedia.

Hay jugadores abiertos,
hay jugadores cerrados.
Y los hay también trancados,
momificados o muertos.
Los hay con buenos aciertos
que usan la filosofía.
Los que juegan la teoría,
Los que juegan a realazos.
Y los que al dar dos zarpazos
cierran la Santamaría.

Pero el mejor resultado
y es la pura realidad,
es esa gran hermandad
que la mesa ha conformado.
Una vez se ha convocado
mi paciencia desespera,
por jugar a mi manera
y desafiar a un amigo,
pues si se enfrenta conmigo
ligo póker o escalera.

Yo solo juego a ganar
pues nadie a perder se sienta,
pero la suerte revienta
al momento de apostar.
Cuando comienzo a jugar
perder o ganar me toca,
pero mi suerte es tan poca
que mis fichas son derroche.
Pero al final de una noche
¡me salvó la mano loca!

¡Mátame!

Me estás matando de pena
con armas de doble filo,
pues dejas mi amor en vilo
con esa calma serena.
Parece haber luna llena
desbocando tu desquicio,
o puede ser que tu vicio
de matar mis ilusiones,
acelere tus acciones
que para mí son suplicio.

Asesina de esperanzas
tormento en mis amoríos,
lágrimas que llenan ríos
pues me hieren como lanzas.
Pesera de mil balanzas
con el fiel a ti inclinado,
soy pecador condenado
a sufrir por tu desprecio,
pero este amor es tan necio
que a tus pies queda postrado.

Cual un verdugo al acecho
me matas con tus desdenes,
espadas rondan mis sienes
y puñales en mi pecho.
¿Por qué tu amor sin derecho
desprecia mi amor rendido,
y a pesar de lo vivido
no te apiadas de mis males?
¡Mátame con mil puñales
pero no me des olvido!

Distante señora

Señora que en la distancia
sigue robando mi sueño,
pues quisiera ser su dueño
a pesar de su arrogancia.
En mi fugaz ignorancia
usted me atrapa en su juego,
pues atendiendo mi ruego
y en un dejo sin razón,
me maltrata el corazón
y me tiene cual borrego.

Usted juega a enamorarme
tejiendo su telaraña,
y en una sutil patraña
con besos logra atraparme.
Después juega a castigarme
por pensamientos ingratos,
entregando amor a ratos
ha logrado enternecerme.
Y aunque usted finja quererme
sus caricias son maltratos.

Para mí, su amor es droga
y soy su adicto confeso,
es un culto que profeso
y usted es mi sinagoga.
Aunque en el cuello una soga
lleve atada como brida,
no habrá poder que me impida
a usted seguirla yo amando.
Usted me va maltratando
y yo entregando la vida.

Apuesta

Apuesto un real contra cien
que hay lágrimas en tus ojos,
a causa de esos enojos
que no se sabe por quién.
Parece haber un desdén
enquistado en tu querer,
y ese no te deja ver
lo profundo de este amor,
pues no te importa el dolor
que está matando mi ser.

Te apuesto que mi querer
sobrevive la agonía,
pues es mucha la valía
y muy claro comprender,
que desdeñas mi querer
con ese celo implacable,
con ese mal incurable
que alimenta tus enojos.
Hace brotar de mis ojos
este llanto inexplicable.

Entre tu apuesta y la mía
parece haber un desierto,
un amor que casi ha muerto
encerrado en su agonía.
Culpable soy noche y día
por pecado sin malicia,
y la calma que es propicia
para guarecer el llanto,
cubre la fe con un manto
y el dolor es mi caricia.

Abismo

Entre tu querer y el mío
existe un hoyo profundo,
que puede tragarse el mundo
y hasta las aguas de un río.
Es un espacio vacío
imposible de llenar,
pues cuando te quiero amar
mi querer no es suficiente.
Quedo en amor penitente
y el pecado he de pagar.

Aunque en el fondo no quieras
y el destino lo disponga,
no hay distancia que se oponga
para un adiós sin fronteras.
Muchas fueron las ojeras
por tu querer trasnochado,
ese amor que has pregonado
resultó un querer vacío.
Pues tu amor nunca fue mío
y muy poco me has amado.

Tu vida es de rumbo incierto
tarde pude comprender,
que procurar tu querer
es arar en el desierto.
Tal vez mi amor haya muerto
en un padecer silente,
o solo vivió en mi mente
cual fantasía anhelada.
Tu amor se quedó en la nada
como un abismo sin puente.

Limosna de amor

¿Dónde estás mi bien amada
que no escuchas mi lamento?
Yo muriéndome por dentro
y no atiendes mi llamada.
Quiero tu voz embrujada
susurrándome al oído,
pues sangro de amor herido
en la ausencia de tu voz.
Mi pensamiento es veloz
deseando tu amor prohibido.

Yo me siento malquerido
por tu amor en desbandada,
por tu boca trasnochada
contra mi amor aguerrido.
Pues tus labios me han herido
con la virtud de tu ausencia,
robándome la consciencia
en un delirio inclemente.
Llorando tu amor ausente
postrado pido clemencia.

Una limosna de amor
le voy rogando a la vida,
para que alivie mi herida
y calmar este dolor.
Del amor soy pecador
y voy mis penas expiando,
mientras más estoy amando
se ensombrece mi camino,
pues es mi amargo destino
seguir por tu amor penando.

Amor en la distancia

Entre tu pena y la mía
dos almas están sufriendo,
una en soledad muriendo
la otra de melancolía.
Es que tu ausencia tardía
como una cruel paradoja,
la margarita deshoja
preguntándole al querer,
cuando te vuelvo a tener
pues la distancia acongoja.

Cada milla una caricia
cada kilómetro un beso,
pues soy tu amante confeso
sin temor y sin malicia.
Soy quien tu cuerpo acaricia
sin un dejo de arrogancia,
soy quien lleva la fragancia
de tu piel sobre la mía.
Soy la voz que cada día
te da amor en la distancia.

Este vacío inclemente
lanza suspiros en duelo,
y pensamientos al vuelo
martirizando mi mente.
No hay distancia suficiente
para matar este amor,
ni olvidar este sabor
que dejó tu primer beso,
pues de este amor estoy preso
cual un mortal pecador.

Desengaño

Camino de la esperanza
transita un alma sufrida,
llorando la fe perdida
suspira en la lontananza.
La distancia no le alcanza
para acallar su clamor,
olvidar es lo mejor
para aliviar su delirio.
Procesión que es un martirio
pues va enterrando un amor.

El camino se hace largo
para continuar queriendo,
y de amor seguir muriendo
con la vida en un letargo.
Licor de sabor amargo
como un elixir malvado,
corazón abandonado
en la distancia sin trecho.
Profundo dentro del pecho
yace su amor enterrado.

Una plegaria al Señor
acompaña su calvario,
y una pena sin horario
acrecienta su dolor.
La tristeza de un cantor
responde una letanía,
pues su canto en lejanía
acongoja el sentimiento.
En las notas de un lamento
de pena su amor moría.

Vuela alto

(a mi amigo Jaime Domínguez QEPD)

Vuela, vuela peregrino,
llévate mi desconsuelo,
abre tus alas al vuelo
en tu ascenso repentino.
La ruleta del destino
ha marcado tu partida,
furtiva y sutil herida
que en dolor deja sumido,
pues de súbito te has ido
sin adiós ni despedida.

Alza el vuelo eterno amigo
no repares en mi duelo,
ve y refúgiate en el cielo
que lo etéreo no es castigo.
Ruego a Dios te de su abrigo
y que escuche mi lamento,
de esta pena con su acento
y mi dolor con su motivo,
tu recuerdo estará vivo
volando en alas del viento.

Luna

Una luz tenue y lejana
roba el misterio a la noche,
pues la luna en su derroche
la paz del cielo engalana.
Cual fugaz reina tirana
regalando su esplendor,
va iluminando el candor
de una amante enamorada.
Una luna trasnochada
está invitando al amor.

Silente diosa serena
que cada noche destina,
sus rayos de luz divina
bañando la faz terrena.
Es el eco de la pena
por un querer olvidado,
es el pañuelo deseado
para llorar un dolor.
Pues como muestra de amor
muchas lunas se han bajado.

Fuente de eterna emoción
cada amante la describe,
y un despecho la percibe
cual amiga en aflicción.
Un barrote en la prisión
le cuenta de su esperanza,
y un ladrón de fina andanza
escondido a buen recaudo,
de su luz escapa raudo
mientras el día lo alcanza.

Deslizándose en los cielos
se retira en la alborada
y una amante enamorada
le ha contado sus anhelos.
Odalisca en siete velos
que al amor han condenado,
pues su luz ha iluminado
en la noche a los amantes,
con sus rayos cual danzantes
¡la luna te ha enamorado!

Docente

Mi profe dejó una huella
muy profunda en mi existir,
me enseñó del buen vivir
haciendo brillar mi estrella.
En cada salón destella
pues es la luz del saber,
me ha llegado a conocer
mejor que en mi propia casa.
Sabe bien lo qué me pasa
y me lo hace comprender.

A pesar de sus carencias
grandes vidas ha encauzado,
ciudadanos ha formado
en las letras y en las ciencias.
Ha despertado conciencias
abriendo nuevos caminos,
labrando claros destinos
que sustentan la nación.
Con rigor y abnegación
fue la guía en mis pininos.

Sabe muy bien separar
el hambre del pensamiento,
calla su padecimiento
para poder enseñar.
Yo le he visto caminar
bajo la lluvia inclemente,
bajo un sol de rayo ardiente
que da peso a la distancia.
Engalana la constancia
y en el aula está presente.

Si quieres ser un docente
tú lo puedes estudiar,
bien te debes preparar
y abrir espacio en tu mente.
Ser la luz que está latente
en ese impulso que te hace,
que la enseñanza te abrace
en bello y sutil preludio.
Pero no solo es estudio
¡como docente se nace!

Magia

En punto a la media noche
los pedidos se conceden,
pues las hadas interceden
haciendo magia en derroche.
Aunque este día trasnoche
brindando quiero seguir,
y a las hadas permitir
me bañen en sortilegio,
y tener el privilegio
de estas tres cosas pedir:

La primera un corazón
para guardarlo en mi pecho,
que pueda tener derecho
a querer con emoción.
Que sepa lo que es perdón
y se apiade del dolor,
que dé a mi vida color
y vuele cual mariposas.
Pero entre todas las cosas
que me haga sentir amor.

La segunda es un querer
que cuide ese corazón,
que lo llene de emoción
y vibre junto a mi ser.
Que sepa bien comprender
el amor y sus valores,
que pinte con sus colores
lo negro de mi agonía.
Que me enseñe cada día
cómo es vivir en amores.

Mi tercera petición
es llenarme de salud,
de inteligencia y virtud
es mi mayor ilusión.
Si pedí ya un corazón
y un aliciente a mi herida,
pido por la fe perdida
y por el llanto vertido.
También a mi Dios le pido
me dé tiempo en esta vida.

Alma canina

Conversando Dios con su hijo
envuelto en clara emoción,
el día de la creación
estas palabras le dijo:
Como soy de amor prolijo
haré una excelsa maniobra,
plasmaré mi mejor obra
pues crearé algo especial,
un ser con alma inmortal
y sentimientos de sobra.

Dijo a la naturaleza
en una orden precisa:
Lealtad será su premisa,
implántela con certeza.
También dele gran destreza
para distintas labores.
Que tenga muchos amores
y seguridad transmita.
Que en su inocencia infinita
no lo acojan los rencores.

Un milagro fue surgiendo
en armoniosa amalgama.
En un amplio panorama
natura los fue pariendo.
Y fueron apareciendo
cual don en gracia divina.
Por toda la faz camina
y satisface un anhelo.
Sonrió el señor desde el cielo
al ver el alma canina.

Amor marinero

Cuando la fe y la esperanza
remontan un mismo río,
un panorama sombrío
cubre un cielo de añoranza.
Pues evoca una semblanza
de amores que se han vivido,
y un río comprometido
en avivar remolinos,
mana recuerdos mezquinos
de amores que ya se han ido.

Yace el cuerpo desvalido
en una calma serena,
y el pecho guarda una pena
por un querer que ha perdido.
No importa el llanto vertido
ni el aliento que agobiante,
se escapa cual navegante
suspirando amor a ratos.
Recuerdos por más ingratos
de un corazón que es errante.

En cada puerto una amante
y en cada bar una pena,
remonta el agua serena
con su navío bogante.
Marino eterno viajante
corazón de rumbo incierto,
amor que de amor ha muerto
en aguas de muchos ríos.
Zarpa con sus amoríos
a morir en otro puerto.

Pasado

Si yo pudiera volver
atrás hacia lo vivido,
toda el agua que ha corrido
la volvería a beber.
Esos momentos de ayer
tocan mi alma forajida,
y en su inocencia perdida
fueron luz y fueron guía,
y en momentos de agonía
dieron razón a mi vida.

Si yo pudiera sentir
de nuevo lo que he sentido,
ese trecho que he vivido
lo volvería a vivir.
Pues jamás trato de huir
de un recuerdo y su dolor,
ni existe un mejor actor
si no quien lo ha padecido.
Sin importar lo sufrido,
mi pasado es lo mejor.

Si yo volviera a nacer
le pediría al destino,
andar el mismo camino
de aquellos días de ayer.
Pues quiero volver a ver
cómo crecen mis amores,
sin importar los dolores
que se posaron en mi alma.
Sentir de nuevo la calma
y enterrar viejos rencores.

Picaflor

Yo soy como el picaflor
que se alimenta al volar,
cuando se trata de amar
soy mezquino en el amor.
Yo vuelo de flor en flor
disfrutando la hermosura,
probando de su dulzura
les voy dejando mi huella.
Voy picando a la más bella
pues mi mal no tiene cura.

Soy como el agua del río
que al amar no se detiene,
cual amante que va y viene
del amor yo no me fío.
No me enredo en ese lío
de juntar dos corazones,
ni me tientan las pasiones
pues del amor yo me cuido.
Dirán que yo soy bandido
pero tengo mis razones.

El corazón llevo herido
y el alma la tengo en pena,
pues soporto la condena
que deja un querer perdido.
Me dejó en dolor sumido
robándome el sentimiento,
dejándome sin aliento
para continuar amando.
Me dejó en amor penando
y en el pecho nada siento.

Por eso ruego a la vida
me devuelva la cordura,
para este mal una cura
y alivio para mi herida.
Que vuelva la fe perdida
disipando este temor,
que se lleve al picaflor
y regrese el sentimiento.
Que me llene de su aliento
para entregarme al amor.

Autismo

No es que yo sea diferente
es que tú no eres igual,
y no entiendes que mi mal
solo reside en tu mente.
Del mundo parezco ausente
viviendo otras realidades,
pues presento cualidades
para ti desconocidas.
Estas llenan nuestras vidas
de calmas y tempestades.

Mi mundo es multicolor
matizado de bellezas,
lleno de risa y tristezas,
de alegría y de dolor.

Se alimenta del amor
para aliviar mi calvario,
y precisa siempre a diario
de una cuota de paciencia.
Pues para amar mi inocencia
no hay fecha en el calendario.

Yo vivo mi propio mundo
por demás particular,
muy pocos pueden entrar
pues el camino es profundo.
Puedo darte un NO rotundo
o una reacción imprecisa,
puedo vivir todo a prisa
o balancearme en el aire.
Te puedo hacer un desaire
o brindarte una sonrisa.

Mi mundo solo te pide
que me des tu comprensión,
pues si pierdo la noción
en tu mundo esto no incide.
La diferencia reside
que nos separa un abismo,
pues la vida no es lo mismo
si vives un mundo irreal.
Este mundo sin igual
la ciencia lo llama autismo.

Novia virtual

Tengo una novia virtual
que en Instagram aparece,
en el Twitter amanece
y en Facebook es muy usual.
Ya somos tal para cual
pues vivimos conectados,
y aunque estemos separados
no me preocupo por eso.
Siempre le mando su beso
y cariños retuiteados.

Vive en la casa de al lado
y no la he visto en un año,
pero a mí no me hace daño
pues yo vivo enamorado.
Por eso con gran cuidado
no la dejo de invitar,
a pasear en celular
con unos paisajes bellos.
Y unas dunas con camellos
para los dos disfrutar.

Siempre vamos a cenar
a restaurantes virtuales,
trato de ahorrar unos reales
para los megas pagar.
Ella suele publicar
fotos de buenas veladas,
y amigas equivocadas
me dicen que abra los ojos.
Yo comprendo sus enojos
envidiosas desbocadas.

No responde mi mensaje
con un texto muy humilde,
el whatsapp no tiene el tilde
debe ser que está de viaje.
Mi vida ha dado un viraje
se la ha llevado el demonio,
sin rencor ni reconcomio
el gran amor de mi vida,
como virtual despedida
¡me invitó a su matrimonio!

Miedo al amor

Si tú piensas que el amor
ya es el pasado en tu vida,
puede ser que alguna herida
te está causando temor.
No te olvides del sabor
que deja el beso añorado,
o del salto inesperado
que desprende el corazón
cuando pierde la razón
pues se siente enamorado.

Debes volver a sentir
aletear de mariposas,
que el aroma de las rosas
sea perfume en tu existir.
Que el amor vuelva a surgir
y florezcan las pasiones.
Vuelve a juntar corazones
en eterna primavera,
no lo dejes en la espera
pues existen mil razones.

El amor no es el culpable
ni debe sufrir la pena,
no merece la condena
por un fracaso inefable.
Sentimiento vulnerable
con el alma siempre en vilo,
su vida pende de un hilo
y se escapa cual la bruma.
Sube y baja como espuma,
llega y se va con sigilo.

El amor no es enemigo
pues se viste de amistad,
viene a dar felicidad
no lo trates cual mendigo.
No le impongas un castigo
ni lo intentes rechazar,
siempre lo debes buscar
pues con él se mueve el mundo.
Suspira fuerte y profundo
¡date un chance para amar!

Soy de aquí

Soy de la generación
del trompo y del gurrufío,
de jugar chapita en trío
y al policía y ladrón.
De ver jugar al avión,
ere, escondido y librada,
de jugar metra y coleada
sin temor ni desencuentros.
Por eso es que en mis adentros
llevo esta tierra grabada.

Soy de la generación
de bailar chimichimitos
y el coro de tamboritos
cantar con gran emoción.
Soy de vieja tradición
de folclor que no repite,
del guarandol y el carite,
sebucán y burriquita.
Por eso tierra bendita
no hay poder que me la quite.

Soy de la generación
de los sancochos en río,
de beber coco bien frío
y guarapo e' papelón.
Del mondongo y pabellón,
del queso blanco llanero,
de la arepita con suero,
y la gran reina pepeada.
Por eso a mi tierra amada
la defiendo con esmero.

Soy de la generación
de pesebres y arbolitos
y entre copas y traguitos
de ponsigué en reunión,
encender un cohetón
que forme una algarabía
y con la copa bien fría
esperar el cañonazo.
Hermano venga ese abrazo,
no hay tierra como la mía.

Soy de la generación
de la alpargata llanera,
de la pulcra guayabera
planchada con almidón.
Soy la cuerda del bordón
soy gallo de fina espuela,
con la vida como escuela
y el universo en mi llano.
Por eso te digo hermano:
¡No hay como mi Venezuela!

Deuda de amor.

Señora tengo una duda
acláreme bien la cuenta,
espero que no me mienta
pues se puede quedar viuda.
No es que la deuda yo eluda
solo un aclare le pido.
Usted dice que he incumplido
con mi promesa de amor,
que debo ser un señor
y saldar lo prometido.

Que la tengo en abandono
y a su calor no me arrimo,
que no le regalo un mimo
y la he bajado del trono.
¡Señora! Yo me impresiono
pero amarla nunca olvido.
De equivocarme me cuido
y en números no soy quién,
pero al contar de uno a cien
la cuenta no la he perdido.

En el libro del amor
tengo el saldo en positivo,
pues para amarla yo vivo
sin garante ni fiador.
No soy maula ni deudor
pago la cuenta adelante,
y en mimos voy galopante
pues la quiero hasta los huesos.
Y la cuenta de los besos,
la cuadro en un solo instante.

Su contar parece errado
pues su cuenta en el amor,
presenta un saldo deudor
en los besos que ha negado.
Tanto usted me ha rechazado
que me agobia la tristeza,
ya no hay fiesta en nuestra pieza
ni música en el cantar.
Cuando la trato de amar:
¡Tiene dolor de cabeza!

Abrazos

Abrazar es oración
y en su palabra silente,
lleva la paz a tu mente
y refugio al corazón.
Es entrega con pasión
en un momento exquisito,
es colocar lo bendito
en un verbo conjugado.
Es sujeto y predicado
en un silencio infinito.

Abrazar es todo un arte
para demostrar afecto,
apretado es lo correcto
para las penas curarte.
Con él la fe se comparte
y es un candil en la vida,
en abrazar no hay medida
si el abrazo es verdadero.
Pues un abrazo sincero
puede aliviar una herida.

Un abrazo es la expresión
de un cercano sentimiento,
es plasmar en un momento
las notas de una emoción.
Es poner un corazón
enredado en dos latidos,
sin rencores escondidos
en los resquicios del alma.
Si abrazas fuerte y con calma,
cuerpo y mente van unidos.

Una clara invitación
a renovar viejos lazos,
es compartir con abrazos
una buena reflexión.
Es sacar, en conclusión,
que para el mal no hay cabida,
un abrazo siempre olvida
los rencores del pasado.
Y si no te han abrazado,
¡abraza fuerte a la vida!

Soplo de vida

Un soplo de amor bendito
en tu vientre se ha posado,
el Señor te ha consagrado
para cuidar su angelito.
No es acaso ni es fortuito,
es especial concesión.
Una vida en gestación
en tu seno se origina,
cumplir la gracia divina
es tu sagrada misión.

Atado a tu humanidad
como sutil pensamiento,
el siente tu sufrimiento
pues conoce tu verdad.
Si fue de Dios voluntad
cual creación concebida,
no le causes una herida
para cambiar el destino.
Sigue en el recto camino
déjalo entrar a tu vida.

Quizás fue algo inesperado
o tal vez no lo has pedido,
pero ha sido concebido
y a tu vida ya está atado.
Si a la ciencia has invocado
como una vil solución,
no tendrás absolución
ni por la gracia divina.
Serás solo una asesina
que no merece perdón.

Amigo ausente (A Álvaro Domínguez Q.E.P.D.)

Se ha roto un hilo sublime
liberando así tu vida,
no esperaba tu partida
y mi pecho hoy se deprime.
Mi canto de dolor gime
pues ha partido un hermano,
se liberó del gordiano
que ataba su alma terrena.
Ya descansó de su pena
dejó este mundo profano.

Voló con su alma vencida
como un ave en la tormenta,
partió una tarde muy cruenta
sin adiós ni despedida.
Tan solo bastó una herida
para vivir un infierno,
no pudo el saber moderno
mantenerlo de este lado.
¿O será que un juez errado
lo ha sentenciado a lo eterno?

Por dentro llevo mi llanto
como triste procesión,
en versos mi confesión
y mi dolor como un canto.
Amigo no sabes cuánto
me entristece tu destino,
en oración yo me inclino
para rogarle a la cruz.
Que perpetúe la luz
que brillará en tu camino.

Peregrino

Un fortuito peregrino
de improvisado bagaje,
con su fe como equipaje
remonta el macizo andino.
Lo acompaña en el camino
lo amargo de su partida,
pues deja toda una vida
suspendida en un regreso.
Tan solo se lleva un beso
y el llanto por despedida.

Atravesando fronteras
la pena corva sus hombros,
recogerá sus escombros
a pesar de las barreras.
Hacia tierras extranjeras
más allá de lontananzas,
lleva inciertas añoranzas
como inciertos los caminos.
Labrando nuevos destinos,
sembrando sus esperanzas.

Un runrún acompasado
adormece el sentimiento,
y desfila el pensamiento
como sombras del pasado.
Una lágrima ha rodado
traicionando su memoria,
pues ha evocado la gloria
de momentos en familia.
La noche es una vigilia
y el recuerdo es una noria.

Con un precario sustento
por el cansancio vencido,
su migrar se ha detenido
en los confines de viento.
Con lo poco de su aliento
registra pronto su ingreso,
al trabajo sin receso
se entregará sin medida.
¡A esa vida suspendida
pronto estará de regreso!

Letra ausente

Aunque yo no lo he querido
la musa se encuentra ausente,
¿será por indiferente
o por duelo consabido?
Mis letras no he compartido
tiempo ha de último escrito,
pues un dolor infinito
se apodera de mi entraña.
La muerte con su guadaña
siega a mi pueblo bendito.

Es la pena de mi gente
que sin letras me ha dejado,
el dolor se ha consagrado
y el corazón no te miente.
Es por eso que mi mente
se ha fugado hacia otros lares,
construyendo en avatares
un ejército imbatible.
Mesías de lo imposible,
nota triste en mis cantares.

Y en mis sueños más soñados
sueño que soy libertario,
un soldado imaginario
como en mis años dorados.
Fuerza y valor añorados
como nunca lo he pedido,
pues el dolor que he vivido
ya no se puede entender.
Ahora puedo comprender
por qué mis letras se han ido.

Agua

Alma cristalina y pura
de inefable transparencia,
de la vida eres la esencia
y del bosque su frescura.
En ti todo se conjura
paz y calma con belleza.
Fatalidad con grandeza,
muerte, furia y destrucción.
Elixir de salvación
don de la naturaleza.

Linfa etérea sublimada
elevándose hasta el cielo,
tejiendo copos de hielo
en una danza sagrada.
Nube de fe derramada
como gota bendecida,
sanando una tierra herida
cual milagro de creación.
Madre natura en acción
resurgir de nueva vida.

Tan sutil como el rocío
llenas cascadas y fuentes,
formando miles de afluentes
llevas tu fuerza hasta el río.
Transportas calor y frío
del páramo a la llanura,
del lago eres la hermosura
y de los mares sustento.
Peregrina como el viento
riegas progreso y ventura

Del cielo fuiste elección
para limpiar los pecados,
alma y cuerpo bautizados
muestra de fe y devoción.
Eterna es tu bendición
del cielo hasta lo profundo,
y al decirlo no redundo
pues en ti nace la vida.
 En una mesa servida
panacea eres del mundo.

Fin de año

Ya se acabó el calendario
llevándose viejas penas,
fueron pocas cosas buenas
y vivirlo fue un calvario.
Un padecer siempre a diario,
la juventud desbandada.
La familia desmembrada,
casi perdemos el juicio.
Celebrar es un suplicio,
de esta fiesta ya no hay nada.

Al sonar las campanadas
y las lágrimas te broten,
deja que el dolor agoten
llora las penas calladas.

Copas vacías alzadas
brindaran por el ausente,
abraza fuerte a tu gente
y el año nuevo festeja.
Esconde el mal que te aqueja,
ten la esperanza presente.

Y aunque las uvas no puedan
transmitir tu gran anhelo,
tu oración eleva al cielo
que cosas buenas sucedan.
Que los santos intercedan
hazlo con fe y con certeza,
y no pidas por riqueza
tampoco bien material.
Pide el don espiritual
salud, paz y fortaleza.

Y que el año venidero
bautizado de esperanzas
convierta tus añoranzas
en un mundo verdadero
Que tu sentir tan sincero
pueble valles y rincones
que se adornen los salones
con las familias unidas
que se sanen las heridas
y a esta tierra bendiciones.

Mis deseos

Algunas veces quisiera
sin que nada me lo impida,
poner alas a la vida
y vivir una quimera.
Ah malaya quién pudiera
regalarte la fortuna,
juntar el sol con la luna
y bautizarte una estrella.
Por ser un alma tan bella
Dios te bendijo en la cuna.

Por eso al cielo le pido
como una fiel concesión,
que te libre de traición
y de todo mal habido.
Que esa luz que se ha vertido
para alumbrar tu camino,
la distribuyas con tino
entre amigos y familia.
La paz en ti se concilia,
y amar será tu destino.

Estos son mis parabienes
es mi sentir más sincero,
que se aleje el agorero
que de salud tú te llenes.
Y que ese don que mantienes
con total sinceridad,
te traiga felicidad
y el amor puro y sincero.
Son las cosas que yo quiero
desearte en la navidad.

Décimas a la amistad

La amistad es una flor
que de paciencia amerita,
pues muy fácil se marchita
si le causas un dolor.
Hay que regarla de amor
de confianza y fortaleza,
debes llorar su tristeza
y morir en su agonía,
cultivarla día a día
y no perder la cabeza.

Es la llave de una puerta
a la luz y a la verdad,
porque suele la amistad
jugar una carta abierta.
Tu vida estará desierta
si la llenas de ambición,
y nunca tendrás perdón
si la amistad no es sincera,
pues recompensa no espera
y muere con la traición.

Comienza sin darnos cuenta
tal vez estrechando manos,
sin saber somos hermanos
y cada minuto aumenta.
Siempre un nuevo lazo inventa
compartiendo sin cesar,
en la mesa un buen lugar
y un rincón en nuestra cama,
y nuestro mejor pijama
ella luce sin dudar.

Si el destino te ha premiado
con una buena amistad,
te lo digo de verdad
en la vida ya has ganado.
Es un tesoro preciado
de celestial resplandor,
llénala siempre de amor
y de paciencia infinita,
pues de confianza amerita
¡no marchites esa flor!

Vejestorio (Sátira)

Ya me estoy poniendo viejo
el pelo se me ha caído,
la vista ya la he perdido
me está guindando el pellejo.
Estoy todo disparejo
del cuello a la rabadilla,
del codo hasta la rodilla
los goznes se me han trancado.
Tengo el chasis descuadrado
no valgo ni una cuartilla.

Ya parezco un carro viejo
me están sonando las bielas,
se me han caído las muelas
he perdido hasta el reflejo.

Camino como el cangrejo
y en un metro estoy cansado,
me duermo estando parado
pues fallan las energías.
Se me apagan las bujías
y no prendo ni empujado.

La tensión tengo en subida
y el reloj casi no late,
estoy sordo de remate
casi todo se me olvida.
Tengo la noción perdida
recordar es un castigo,
ya no tengo ni un amigo
pues al hablar no me entienden.
Las orejas se me encienden
entonces hablo conmigo,

Debo seguir esta vida
como farmacia ambulante,
espero que el cuerpo aguante
y mi futuro no impida.
Aunque ya voy de salida
y casi todo me aqueja,
soy lobo con piel de oveja
nunca dejo mis andanzas.
No pierdo las esperanzas
de conseguirme una vieja.

Clamor de libertad

Alas lleva el pensamiento
vuela en pos de libertad,
ya no importa la maldad
ni del cuerpo el sufrimiento.
Solo importa el sentimiento
libertario en excelencia,
semilla de independencia
sembrada en lo más profundo,
por eso le pido al mundo
tengan algo de indulgencia.

¿Por qué tanta indiferencia
por este pueblo sufrido?
En este clamor les pido
su ayuda con diligencia.
Esto no es una injerencia
ni están metiendo sus manos,
son los derechos humanos
que trascienden las fronteras,
callen voces agoreras
pues todos somos hermanos.

El pueblo está prisionero
de un sanguinario invasor,
que sin pena ni pudor
nos ha vuelto un basurero.
Somos un pueblo guerrero
pero es tal desigualdad,
que la superioridad
nos está matando a diario,
ya no alcanza el calendario
para su cruel realidad.

Hoy les pido sin temor
a los líderes del mundo,
con este sentir profundo
lleno de llanto y dolor.
Escuchen este clamor
este grito sobrehumano,
que nos tiendan una mano
sabremos agradecer.
No nos dejen padecer
al capricho de un tirano.

A Rambo (Sátira)

Llanero de pacotilla
profesional del mecate,
se le cuadra a un aguacate
y es un militar de orilla.
No amansa ni una vaquilla
pero jura que es un Rambo,
se queda cual patizambo
cuando pasa un oficial,
y en su desborde fecal
su corazón baila mambo.

Es rey del escupitajo
en su mascar vomitivo.
Tosco, vulgar, primitivo
él jura que es todo un majo,
y aunque no llega ni a cuajo
se vende como buen queso.
En su mente es un obseso
y con mujeres un mago,
pero solo son prepago
las que le pelan el hueso.

El a mí me ha desafiado
con su mente bien precaria,
con su mofa estrafalaria
mis versos ha desatado.
Y como soy buen letrado
escribo un deseo rampante:
Que el chimó se le atragante
causándole una diarrea
y al dormirse en una pea
lo viole un gran elefante.

Dulce pecado

Cuando llega la emoción
y despierta el sentimiento
alas lleva el pensamiento,
encendiendo una pasión.
No le hace falta el perdón
a un corazón desbocado,
pues lo deja todo a un lado
entregándose al amor.
Y si no importa el dolor
tampoco importa el pecado.

De cara a mi soledad
conversando yo conmigo,
unas verdades me digo
sin rencor y sin piedad.
Huyendo a la realidad
en mi agonía de amarla,
pues ya no quiero evitarla
ella siempre está presente,
revoloteando en mi mente
y así yo debo aceptarla.

Dulzura y verdad amarga
que así me nubla el sentido,
¿Por qué me lo he permitido
si la conciencia me embarga?
Pero el tiempo ella aletarga
extasiado en su ternura,
sentimiento en alma pura
enredado en la pasión,
expiando un diario perdón
que esconde la noche oscura.

Pero este dulce pecado
ya la conciencia me hiere,
sabiendo que ella me quiere
y su amor me ha demostrado,
le niego que estoy casado
y en amor tengo un conflicto,
pues soy culpable y convicto
condenado a la pasión,
esclavo de una emoción
y amar es el veredicto.

Décimas a un padre

Justo, veloz y certero
con su consejo oportuno.
Te cuida como ninguno,
de la vida un compañero.
Él sabe cómo lo quiero
aunque muy poco lo digo.
Su andar seguro yo sigo
y a su guía siempre atento.
En la vida es un aliento,
él es mi mejor amigo.

Habrá quien lo tiene ausente
quizás no lo han conocido,
pero una madre han tenido,
como padre es suficiente.
Pero la vida no miente
pues padre es el que te cría.
El que te da la valía,
pilar de tu formación.
Es un seguro bastión
y en el hogar la alegría.

Tu gran héroe de la infancia
ese que todo lo puede,
pues tus deseos concede
con paciencia y tolerancia.
Es un premio a la constancia
y en tus deberes soporte,
entrenador en deporte,
instructor para la vida.
Ese quien cura tu herida
férreo vigía en tu norte.

Arquitecto asimilado,
ingeniero y constructor,
mecánico y conductor
un artista comprobado.
Reparador consumado
electricista y plomero,
brocha gorda y carpintero
albañil a toda hora.
Siempre haciendo una mejora
y en la casa es un todero.

Por fuerte que sea su mano
siempre una caricia tiene,
pero el tiempo él lo detiene
para ser como tu hermano.
Su sacrificio no es vano
te forma para el futuro,
y aunque te parezca duro
y algunas veces un ogro,
tú serás su mejor logro
y él tu pilar más seguro.

Ahora los años le llegan
en tropel avasallante,
de aquel hombre tan brillante
sus consejos hoy te quedan.
Y aunque las canas lo hieran
y su piel se haya arrugado,
siempre va a estar a tu lado
pues le queda el gran consuelo:
¡Que será el mejor abuelo
que Dios y el cielo te han dado!

Décimas al tío Simón

Pinta de luto el estero
la sabana y todo el llano,
pues se ha marchado un hermano
el que cantó el cabrestero.
La luna ve al becerrero
que su pena canta y llora,
y una triste garza mora
ya no le combate al río.
Silba el viento un tono frío
pues se ha apagado la aurora.

Mariposa y su becerro
sublime la inspiración,
son letras de una canción
melancólico destierro.
Sordo tañar de un cencerro
que anuncia el dolor que aflora,
y el tinajero lo llora
en un silencioso grito.
Nube de agua lucerito
presiente una mala hora.

La luna llena menguante
se refugia tras la sombra,
y el alcaraván se asombra
pues no la ve tan radiante.
En la soledad reinante
relincha un caballo añejo,
y el relincho lleva un dejo
de dolor y despedida.
Se fue quien le dio la vida
se nos fue el caballo viejo.

Se fue del alba el lucero
cantos de melancolía,
se fue la tonada mía
se fue del cuatro un guerrero.
Se apagó el canto llanero
fiel amigo y querendón,
en la vida una lección
brega y canto en el ordeño.
Letra y música de ensueño
¡qué grande fue tío Simón!

Décimas a una madre

Una madre es una rosa
perfume, color y espina,
es un alma golondrina
con una vida azarosa.
Tenaz, resuelta y furiosa
reina de todo desvelo,
seguro alivio y consuelo
para las penas y el llanto.
Es la música en mi canto,
un pedacito de cielo,

Una madre es una estrella
en un cielo de esperanzas,
un dechado de enseñanzas
que en tu vida deja huella.
Infatigable doncella
lava, plancha y te cocina.
Es como un hada madrina
siempre va un paso adelante,
y aunque la tengas distante
tu pensamiento adivina.

Es la perfecta heroína
es un ángel de la guarda,
sublime, humilde y gallarda
amor y dolor combina.
Es la luz que te ilumina,
médico de cabecera,
cirujana y curandera,
la defensora imposible.
Todo en ella es admisible
es la mejor compañera.

Casada, viuda o soltera
como madre solo hay una,
con su defensa oportuna
siempre será una guerrera.
Algunas veces severa
al cuestionarte la vida,
cada segundo te cuida
seas mayor o seas pequeño.
No le destruyas el sueño
¡pues no viene repetida!

Décimas a un venezolano

En este país la gente
ya no tiene que comer,
no se puede ya esconder
que no hay ni un plato decente.
El pueblo es sobreviviente
de una guerra imaginaria,
y camina como un paria
para buscar el sustento.
En gobierno fraudulento
la protesta es necesaria.

El pueblo está prisionero
la medicina no existe,
la inseguridad lo embiste,
lo roba cualquier ratero.
Ya parece un limosnero
suplicando ayuda a diario.
Un canal humanitario
que socorra su carencia.
Y el tirano en su indecencia
dispara como un sicario.

Tan grave es la situación
que parece una venganza,
el dinero ya no alcanza
por la vulgar inflación.
Pero el tirano en cuestión
con su baile chabacano,
se burla de ti mi hermano
que comes de la basura,
El hambre a él no lo apura
pues come como un marrano.

La calle es la solución
la protesta será el arma,
hay que romper con el karma
y defender la nación.
Contra brutal represión
la protesta ya se instala,
pues esto nadie se cala
no importa quién me delate.
Igual que el hambre me mate
a que me mate una bala.

Fiesta brava

Fiesta brava que no es fiesta
solo un vil asesinato,
del arte pierde el ornato
y a la muerte es una apuesta.
Arte que a muchos molesta
perdiendo así su bravura,
pues se esconde en la cordura
de inocente aficionado,
dejando el arte de lado,
dando paso a la tortura.

Cayendo el sol de la tarde
procesión bordada en oro,
van a asesinar a un toro
haciendo de ello un alarde.
Coso de un valor cobarde,
moderno circo romano.
Arte de un pensar insano,
vestigios de una grandeza.

Socavón de gran pobreza.
miseria del ser humano.

Abren puertas los toriles
y el toro sale asustado.
Por el sol encandilado
apenas ve los perfiles.
Un mozo de artes pueriles
el toro al caballo arrima,
y el picador se le encima
sin piedad y con aplomo,
hunde la vara en su lomo
y el castigo no escatima.

Dislocado en su fiereza
el toro mengua el derrote,
y el torero en su capote
muestra una falsa destreza.
Con gran saña y con firmeza
le clava sendas cuchillas,
fugándose en volandillas
deja al toro en su dolor,
derrotando con vigor
aquel par de banderillas.

Feria de cruel alegría
tiene a un toro ya cansado,
pues sus bríos le han robado
en brutal carnicería.
Se escucha una algarabía:
¡olé! gritan al torero
y éste cual majo guerrero
después de usar la muleta,
toma el estoque el coleta
para hundirle aquel acero.

Respiración apurada,
su sangre ya lo va ahogando.
Su verdugo está mirando,
es su final bocanada.
Solo espera la estocada,
ya se perfila el torero.
Con firme afán tesonero
y en punta de zapatilla,
en rápida volandilla
hunde un estoque certero.

Ya le ha llegado la suerte
y el toro premia su raza.
Se está cayendo la plaza
pues se resiste a su muerte.
Por ser un astado fuerte
han llamado al puntillero,
quien acierta con esmero
en la nuca su puntilla.
Y bajo un sol que no brilla
muere un toro sabanero.

Fiesta brava que es suplicio
también una vil tortura,
pues quien la impulsa procura
un material beneficio.
Sin importar a su juicio
lo que encierra ese folclore,
y aunque el perdón se le implore
bufos irán aplaudiendo,
seguirá el toro muriendo
pues no tiene quien lo llore.

Mujer celosa

Ella dice que me quiere
y es su querer enfermizo,
cual puñal escurridizo
son sus celos lo que hiere.
Siento que este amor se muere
por su falta de confianza,
se quedará en lontananza
cual pensamiento olvidado,
y ese amor que ella me ha dado
solo será una añoranza.

Ella es la espina y la rosa
floreciendo a su capricho.
Quiere tenerme en un nicho,
mujer bella y caprichosa.
Pero no soy cualquier cosa,
ni busco mujer ajena,
tampoco voy dando pena
ni soy mendigo de amor,
no soy clavo de un dolor,
 ni un enfermo en cuarentena.

No soy rastro de un pasado
que a tu querer haya herido,
ni un amante consabido
que debes tener cuidado.
Solo doy lo que me han dado
amor en medida justa,
y si mi querer te gusta
con tus celos hoy se quiebra,
a quien pica una culebra...
¡cualquier lagartijo asusta!

Amor vasallo

Tu inalcanzable amor
me somete al desprecio,
pues mi amor es tan necio
que, a pesar del dolor,
sucumbe a tu candor
y en su libre caída,
va arriesgando la vida,
va perdiendo el orgullo,
y con triste murmullo
va llorando su herida.

Es tan cruel tu belleza
que a mi amor enamora,
aún espero la hora
de aclarar mi tristeza,
pues su gentil alteza
ignora a este vasallo
y aunque en amor no fallo
su nobleza me humilla,
soy la estrella que brilla
pues mi amor no lo callo.

No me has dejado amarte
y este amor anda herido,
y aunque no lo he querido
no hago más que pensarte.
No intentaré buscarte
ni pensar en tu amor,
moriré del dolor
y en mi cruel agonía,
desearé que algún día
también mueras de amor.

Conjuro

Si estás buscando el amor
ese amor franco y seguro,
te regalo este conjuro
lleno de magia y color.
Te hará olvidar el dolor,
él nunca te será infiel,
será un tarrito de miel
siempre va a estar a tu lado,
y aunque se sienta tentado
será como un perro fiel.

Mi conjuro es como un arte
y en consejos te lo doy,
y aunque brujo yo no soy
mi magia puede ayudarte.
Solo debes relajarte
prestando buena atención,
y aprender como canción
estas reglas cotidianas,
pues serán certeras dianas
para seguir en acción.

No descuides tu hermosura
pues siempre habrá competencia,
no te ayudes con la ciencia
para cambiar tu figura.
Para sentirte segura
cuida bien el sobrepeso,
acompañando todo eso
con buen gusto en el vestir,
y cuando lo veas venir
recíbelo con un beso.

Vive bien en armonía
y esmérate en la comida,
que una mesa bien servida
es la mejor brujería.
Una lástima sería
que no le sirvas un trago,
pues actúa como un mago
para reposar en calma,
será su alivio en el alma,
será tu mejor aliado.

En el sexo debes ser
encendida como llama,
como una fiera en la cama
la pasión debes tener.
Y dejar de interponer
excusas para un escape,
pues otra con su derrape
le dará lo que hace falta,
y así llores en voz alta
no habrá magia que lo atrape.

Cada día es más oscuro
y el ayer es del pasado,
si lo quieres a tu lado
repite bien mi conjuro.
Porque yo te lo aseguro
y así te sientas inquieta,
que si atraparlo es tu meta
no valdrán polvos ni baños,
y aprenderás con los años
que esta es la mejor receta.

Orgullo y despecho

Amor en temprana aurora
ya comienza su despecho,
corazón late deshecho
al son de un ave cantora.
Aunque tu querer me ignora
complaceré tus antojos,
pues me lo han dicho tus ojos
que tu amor me pertenece,
y aunque otra cosa parece
te delatan tus sonrojos.

Pero tu amor es orgullo
que paseas inclemente,
creyendo mi amor ausente
sabiendo que solo es tuyo.
Y como flor en capullo
vas cerrando el corazón,
y me dejas sin razón
cavilando como un necio,
sometiéndome al desprecio,
negando mi salvación.

Sigue llevando tu amor
sin importar mis desvelos,
pues penas y desconsuelos
acompañan mi dolor.
Hoy serás cual bella flor
que el tiempo irá marchitando,
pero he de seguirte amando
pues la belleza es fortuita
y aunque te pongas viejita
¡por ti seguiré esperando!

DÉCIMAS ESPINELAS
MIGUEL ÁNGEL SILVA

© Miguel Ángel Silva
Reservados todos los derechos
Primera Edición
Julio 2021
Valencia – Venezuela.

www.ingramcontent.com/pod-product-compliance
Lightning Source LLC
Chambersburg PA
CBHW070122260726

48658CB00001B/226